轻阅读
书系

# 猛回头·警世钟

［清］陈天华 著

北方联合出版传媒(集团)股份有限公司

万卷出版公司

© 陈天华 2015

**图书在版编目（ＣＩＰ）数据**

猛回头·警世钟 /（清）陈天华著 . —— 沈阳：万卷
出版公司，2015.6（2023.5 重印）
　　（轻阅读）
ISBN 978–7–5470–3626–6

Ⅰ . ①猛… Ⅱ . ①陈… Ⅲ . ①政治思想史 – 中国 – 清
代 Ⅳ . ① D092.52

中国版本图书馆 CIP 数据核字 (2015) 第 068816 号

出 品 人：王维良
出版发行：北方联合出版传媒（集团）股份有限公司
　　　　　万卷出版公司
　　　　　（地址：沈阳市和平区十一纬路 29 号　邮编：110003）
印 刷 者：三河市双升印务有限公司
经 销 者：全国新华书店
幅面尺寸：150mm×215mm
字　　数：120 千字
印　　张：11.5
出版时间：2015 年 6 月第 1 版
印刷时间：2023 年 5 月第 2 次印刷
责任编辑：胡　利
责任校对：张　莹
封面设计：王晓芳
内文制作：王晓芳
ISBN 978–7–5470–3626–6
定　　价：49.00 元
联系电话：024-23284090
传　　真：024-23284448

常年法律顾问：王　伟　版权所有　侵权必究　举报电话：024-23284090
如有印装质量问题，请与印刷厂联系。　　　　　联系电话：0316-3651539

# 序　言

年少读书，老师总以"生而有涯，学而无涯"相勉励，意思是知识无限而人生有限，我们少年郎更得珍惜时光好好学习。后来读书多了，才知庄子的箴言还有后半句："以有涯随无涯，殆已！"顿感一代宗师的见识毕竟非一般学究夫子可比。

一代美学家、教育家朱光潜老先生也曾说："书是读不尽的，就读尽也是无用。"理由是"多读一本没有价值的书，便丧失可读一本有价值的书的时间和精力"，可见"英雄所见略同"。

当代人的生活节奏越来越快，很多人感慨抽出时间来读书俨然成为一种奢侈。既然我们能够用来读书的时间越来越宝贵，而且实际上也并非每本书都值得一读，那么如何从浩瀚的书海中挑出真正适合自己的好书，就成为一项重要且必不可少的工作。于是，我们编纂了这套"轻阅读"书系，希望以一愚之得为广大书友们做一些粗浅的筛选工作。

本辑"轻阅读"主要甄选的是民国诸位大师、文豪的著作，兼选了部分同一时期"西学东渐"引入国内的外国名著。我们之所以选择这个时期的作品作为我们这套书系的第一辑，原因几乎是不言而喻的——这个时期是中国学术史上一个大时代，只有春秋战国等少数几个时代可以与之媲美，而且这个时代创造或引进的思想、文化、学术、文学至今对当代人还有着深远的影响。

当然，己所欲者，强施于人也是不好的，我们无意去做一个惹人生厌的、给人"填鸭"的酸腐夫子。虽然我们相信，这里面的每一本书都能撼动您的心灵，启发您的思想，但我们更信任读者您的自主判断，这么一大套书系大可不必读尽。若是功力不够，勉强读尽只怕也难以调和、消化。崇敬慷慨激昂的闻一多的读者未必也欣赏郁达夫的颓废浪漫；听完《猛回头》《警世钟》等铿锵澎湃的革命号角，再来朗读《翡冷翠的一夜》等"吴侬软语"也不是一个味儿。

读书是一件惬意的事，强制约束大不如随心所欲。偷得浮生半日闲，泡一杯清茶，拉一把藤椅，在家中阳光最充足的所在静静地读一本好书，聆听过往大师们穿越时空的凌云舒语，岂不快哉？

周志云

# 目 录

## 猛回头

## 警世钟

# 狮子吼

# 绝命辞

# 猛回头

# 序

　　俺也曾，洒了几点国民泪；俺也曾，受了几日文明气；俺也曾，拨了一段杀人机；代同胞愿把头颅碎。俺本是如来座下现身说法的金光游戏，为甚么有这儿女妻奴迷？俺真三昧，到于今始悟通灵地。走遍天涯，哭遍天涯，愿寻看一个同声气。拿鼓板儿，弦索儿，在亚洲大陆清凉山下，唱几曲文明戏。

　　　　　　纪元二千四百五十五年，群学会主人书

猛回头·警世钟

# 黄帝肖像后题

哭一声我的始祖公公！叫一声我的始祖公公！想当初大刀阔斧，奠定中原，好不威风。到如今，飘残了，好似那雨打梨花，风吹萍叶，莫定西东。受过了多少压制，做过了数朝奴隶，转瞬间又要为牛为马，断送躯躬。怕的是刀声霍霍，炮声隆隆，万马奔腾，齐到此中。磨牙吮血，横吞大嚼，你的子孙，就此告终。哭一声我的始祖公公！叫一声我的始祖公公！在天有灵，能不忧恫？望皇祖告诉苍穹，为汉种速降下英雄。

哭一声我的同胞弟兄！叫一声我的同胞弟兄！我和你都是一家骨肉，为什么不相认？忘着所生，替他人残同种，忍心害理，少不得自己们也要受烹。那异族非常凶狠，把汉族当做牺牲，任凭你顺从他，总是难免四万万共入了枉死城。俺同胞，到此地，尚不觉醒，把仇雠，认做父，好不分明！想始祖，在当日，何等威武。都只缘，这些不肖子孙，败倒名声。哭一声我的同胞弟兄！叫一声我的同胞弟兄！又是恨卿，又是想卿。弃邪归正，共结同盟，驱除外族，复我汉京。昆仑高高兮，江水清清，乃我始祖所建国兮，造作五兵。我饮我食兮，无非始祖之所经营，誓死以守之兮，决不令他族之我争。子子孙孙兮，同此血诚。

# 地理略述

　　普天之下，共分五大洲。中国是亚细亚洲一个顶大的国，内地有十八省，称为中国本部。在本部东北方，有东三省，即从前宋朝那时候的金国，现在的满洲。那满洲乘着明末的乱，占了我们中国，改号大清国。直隶、山西、陕西之北有蒙古，即元鞑子，灭了宋朝，一统中华，明太祖把他赶归原处，后亦为满洲所灭。由甘肃过去，有新疆省，是一个回回国，乾隆年间灭的。四川之西有西藏，是一个活佛做国主，亦归服清朝。除了十八省以外，从前都是外国，于今都是大清国。虽然中国也不过与那蒙古、新疆、西藏同做了满洲的奴隶。在中国东方的有日本国，约有中国两省大，从前也是弱国，近来仿照西洋人的法子，不过三十年，遂做了世界第一等的强国。与山东省遥遥相对的是高丽国，近来改名朝鲜，从前也是中国的属国，自甲午年战败之后，遂不归中国管辖。在中国南方的有越南国、暹罗国、缅甸国，皆是进贡中国的。后来法国占了越南，英国占了缅甸，暹罗亦受英、法两国的挟制，不久也是要灭。由西藏之西南，有印度国，佛菩萨所出的地方，约有中国十二三省大，乾隆年间，为英国东印度公司灭。以上皆是亚细亚。此外又有大、小国数十，都被那西洋人灭了。亚细亚洲之西，有欧罗巴洲。五大洲之中，惟此洲最小又最强。洲中大、小国亦数十；第一强国是俄罗斯。他的地方，小半在欧罗巴洲，大半在亚细亚。中国与他连界二万余里，国土有清国二倍之大，但人口只有中国三分之一。第二是英吉利。他的本国很小，属地比本国大七十六倍。又有法兰西、德意志、奥大利、意大利，皆是强国。其余的国大者如中国的一二府而已。欧罗巴洲的南方有阿非利加洲，沙漠居多，天气很热，从前也有数十国，于今皆为西洋人所瓜分。印度之南，有南洋群岛，约有数百，自明朝即为西洋人所占。南洋群岛之中，有最大的岛名叫澳大利加洲，亦称为五大洲中之一，土人很少，为英国所占领。在以上四大洲之西者，叫做阿美利加洲，从前本是一块荒地，与这四洲东隔着太平洋，西隔着大西洋，自古与四洲不相通。自明朝中间，欧罗巴人名叫哥伦布者，始寻得是处。其后欧罗巴的人往者愈多，遂建了多少的国，尤以美利坚为最大。五洲万国，除中国、日本数国之外，其余诸部，皆归服了欧罗巴。中国又危乎殆哉！我同胞乎！你们还没有醒转来吗？

# 人种略述

　　天下的人，自大处言之，约分五种：亚细亚洲的人，大半是黄色种；欧罗巴洲的人是白色种；阿非利加洲的人是黑色种；南洋群岛的人是棕色种；阿美利加洲的土人是红色种。五种人中，只有白色种最强，黄色种次之；其余的三种，都为白色种所压制，不久就要灭种。此就色面而分出五大种也。专就黄色种而言之，则十八省的人皆系汉种，我始祖黄帝于五千年前，自西北方面来，战胜了苗族，一统中国。今虽为外种所征服，其人口共四万万有余，居世界人口四分之一。满洲是通古斯种，金朝亦是此种人，其人口共五百万。蒙古为蒙古种，其人口共二百万。新疆为回回种，其人口一百二十万。西藏为吐番种，其人口一百五十万。苗、瑶是从前中国的土人，其数比汉种较多，于今只深山之中留了些微。满洲、蒙古、西藏、新疆的人，从前都是汉种的对头，无一刻不提防他。其人皆是野蛮，凶如虎狼、不知礼仪，中国称他们为犬羊，受他等之害不少。自满洲入主中国，号称中外一家，于是向之称他为犬羊者，今皆俯首为犬羊的奴隶了。

# 猛回头

大地沉沦几百秋，烽烟滚滚血横流。

伤心细数当时事，同种何人雪耻仇？

  我家中华灭后二百余年，一个亡国民是也。幼年也曾习得一点奴隶学问，想望做一个奴隶官儿，不料海禁大开，风云益急，来了什么英吉利、法兰西、俄罗斯、德意志，到我们中国通商，不上五十年，弄得中国民穷财尽。这还罢了，他们又时时的兴兵动马，来犯我邦。他们连战连胜，我国屡战屡败，日本占了台湾，俄国占了旅顺，英国占了威海卫，法国占了广州湾，德国占了胶州湾，把我们十八省都画在那各国的势力圈内，丝毫也不准我们自由。中国的官府好像他的奴隶一般，中国的百姓，好像他的牛马一样。又有那一班传教的教士，如狼似虎，一点儿待他不好，便办起教案来，要怎么样，就怎么样。我中国虽说未曾瓜分，也就比瓜分差不多了。那时我们汉人中有一班志士，看见时势不好，热心的变法，只想把这国势救转来。那里晓得这满洲政府，说出什么"汉人强，满人亡"的话儿，不要我们汉人自己变法，把轰轰烈烈为国流血的大豪杰谭嗣同六个人一齐斩了。其余杀的杀，走的走，弄得干干净净，只有那满人的势力。不上两年工夫，出了一个义和团。这义和团心思是很好的，却有几件大大的不好处。不操切实本领，靠着那邪术。这邪术乃是小说中一段假故事，那里靠得住？所以撞着洋人，白白的送了性命。兼且不分别好丑，把各国一齐都得罪了。不知各国内，也有与我们有仇的，也有与我们无仇的，不分别出来，我们一国那里敌得许多国体？我们虽然恨洋人得很，也只好做应敌的兵，断不能无故挑衅。说到那围攻公使馆，烧毁天主堂，尤为无识。自古道："两国相争，不斩来使。"我无故杀他的使臣，这是使他有话说了。我们要杀洋人，当杀那千军万马的洋人，不要杀那一二无用的洋人。若他们的军马来，你就怕他，他们的商人教士，你就要杀害他，这是俗话所谓谋孤客，怎么算得威武呢！义和团不懂这个道理，所以弄出天大的祸来，把我们中国害得上不上、下不下，义和团真真是我们中国的罪人了。当时那一班顽固的大臣，满怀私意，利用这义和团。等到八国兴兵问罪，束手无策，弃了北京，逃往陕西，不顾百姓的死活。可怜北京一带，被八国杀得尸体遍野，血流成河，足足杀了数百万。俄国乘势占了东三省，无故的把六千人赶入黑龙江。列位！你道好惨不好惨！可惜我们这无耻无能的中国人，大家扯了八国顺民旗，迎接八国的兵马进城。还有那丧尽天良的，引着八国的人，奸淫掳掠，无所不至。咱家说到此处，喉咙也硬了，说也说不出来。只恨我无权无力、不能将这等自残同种的混帐王八蛋千刀万段，这真真是我的恨事了！列位！你道各国占了北京，怎么不就把这中国实行瓜分了？原来各国像貌不同，言语不通，兼且离我中国很远，那里有许多人镇服我们？不如留着这满洲的政府代他管领，他们又管领这满洲的政府。汉人做满人的奴隶，是做惯了的，自然安然无事。我们是奴隶的奴隶，各国是主人家的主人家，何等便当？岂不比这实行瓜分，要自己费力的好得多吗？果然这满洲的政府感激各国了不得，从前赔款数次，差不多上十万万了，此次赔各国的款连本带息，又是十万万。我们就是卖儿卖女也是出不起来的！又自己把沿海的炮台削了，本国的军营，请各国来练；本国的矿产，让各国来开；本国的铁路，听各国来修。还有那生杀用人的权柄，都听各国指挥。列位！你看满洲的政府，只图苟全一己，不顾汉人永世翻不得身，件件依了洋人的，你道可恨不可恨？我们若不依他的，他就加以违旨的罪，兴兵剿洗，比草芥也比不上。十八省中愁云黯黯，怨气腾霄，赛过十八层地狱。他又见从前守旧的惹出祸来，才敷衍行了一段新政，不过是掩饰人的耳目。他且莫讲，京城修一个大学堂，要费三十万银子，政府说费用大了，至今未修。皇太后复修颐和园数千万银子也办出来了。每年办陵差，动辄数百万，亦是有的。独有这三十万，难道说寻不出呢？我们百姓家里要一个钱买水吃也没有，去年荣禄嫁女，他的门房得门包三十二万。这银子是那里来的？都是那贪官剥削我们的脂膏，献与荣禄的。荣禄之外，还有那太监李连英，皇太后最信用他，最相好的，他的家财比荣禄多了十倍。当今的官府，多

猛回头 · 警世钟

半是他的门生小门生。列位你看这个情形，中国还保得住吗！到了今年，俄国就要把东三省实归他有了，法国也要这广西省，中国若准了他两国，这英国少不得就要长江七省，德国少不得就要山东、河南，日本少不得就要福建、浙江，还有那一块是我们的？我想这政府是送土地送熟了的，不久就是拱手奉纳。我们到了那个时节，上天无路，入地无门，还有什么好处呢！自家想到此际，把做官的念头丢了，只想把我们的同种救出苦海。无奈我们的同胞沉迷不醒，依然歌舞太平，大家自私自利，全无一点团结力，真真是火烧到眉毛尖子上，尚不知痛。好叹呀！自家闲下无事，编成了几句粗话，叫做《猛回头》。列位若不厌烦，听咱家唱来，消消闲好么？

拿鼓板，坐长街，高声大唱；

尊一声，众同胞，细听端详：

我中华，原是个，有名大国；

不比那，弹丸地，僻处偏方。

论方里，四千万，五洲无比；

论人口，四万万，世界谁当？

论物产，真是个，取之不尽；

论才智，也不让，东西两洋。

看起来，那一件，比人不上；

照常理，就应该，独称霸王。

为什么，到今日，奄奄将绝；

割了地，赔了款，就要灭亡？

这原因，真真是，一言难尽；

待咱们，细细数，共做商量。
五千年，我汉人，开基始祖；
名黄帝，自西北，一统中央。
夏商周，和秦汉，一姓传下；
并没有，异种人，来做帝皇。
这是我，祖宗们，传留家法；
俺子孙，自应该，永远不忘。
可惜的，骨肉间，自相残杀；
惹进了，外邦人，雪上加霜。
到晋朝，那五胡，异常猖獗；
无非是，俺同种，引虎进狼。
自从此，分南北，神州扰乱；
到唐朝，裁平定，暂息刀枪。
到五季，又是个，外强中弱；
俺同胞，遭杀戮，好不心伤。
宋太祖，坐中原，无才无德；
复燕云，这小事，尚说不适。
难怪他，子孙们，懦弱不振；
称臣侄，纳贡品，习以为常。
那徽宗，和钦宗，为金捉去；
只岳飞，打死仗，敌住虎狼。
朱仙镇，杀得金，片甲不返；
可恨那，秦桧贼，暗地中伤。
自此后，我汉人，别无健将；
任凭他，屠割我，如豕如羊。

猛回头·警世钟

元鞑子，比金贼，更加凶狠；

先灭金，后灭宋，锋不可当。

杀汉人，不计数，好比瓜果；

有一件，俺说起，就要断肠。

攻常州，将人膏，燃做灯亮；

这残忍，想一想，好不凄凉。

岂非是，异种人，原无恻隐；

俺同胞，把仇雠，认做君王。

想当日，那金元，人数极少；

合计算，数十万，有甚高强！

俺汉人，百敌一，都还有剩；

为什么，寡胜众，反易天常？

只缘我，不晓得，种族主义；

为他人，杀同胞，丧尽天良。

他们来，全不要，自己费力；

只要我，中国人，自相残伤。

这满洲，灭我国，就是此策；

吴三桂，孔有德，为虎作伥。

那清初，所杀的，何止千万；

那一个，不是我，自倒门墙！

　　列位！你看中国数千年来，只有外国人杀中国人，断没有中国人杀外国人的；只有外国人到中国做皇帝，断没有中国人往外国做皇帝的。这是什么缘故？因中国地方大得很，人口多得很，大了就不相往来，多了就难于亲热。又不晓得是一个祖宗发出来的，把做别人相看。太平久了，没有祸患来逼迫他，自然是游手好闲，不习武艺。外国地方既小，人口又少，所以最相亲爱，合数十万人为一个人。他们又没有别项出息，全靠着游猎掳掠为生，把武艺做性命，人人都操得好，一可敌十，以攻我这一人，是一个全无气力的中国人，怎么不有胜无败！况且又有我这忘着自己本族的人，替他尽死，怎么不就做了中国的皇帝呢？从前做中国皇帝的，虽然朝代屡易，总是我汉人，总是我黄帝的子孙，只可称之为换朝，算不得灭国。惟有元鞑子灭了中国，后来赖有朱太祖恢复转来了。如今这满洲灭了我中国，难道说我们这些人就不想恢复了吗？

　　　　俺汉人，想兴复，倒说造反；

　　　　便有这，无耻的，替他勤王。

　　列位！你道这造反二字，怎么样讲的？他强占了我们的国，我们自己想恢复起来，是正正堂堂的道理，有什么造反！好比那人家有一份产业，被强盗霸去了，到后来这人家的子孙长大了，想要报这个仇，把从前的产业争转来，也可说他是不应该的吗？那人家的子孙，若是有一半倒要帮这个强盗，把自己的亲兄弟杀害了，到那强盗处讨功，这还算得一个人吗？列位！你看这勤王党，岂不是与这个人杀害自己的亲兄弟，到那强盗处讨功的一样吗？列位！列位！这都忍得，还有那一件忍不得的呢！

　　　　还有那，读书人，动言忠孝；

猛回头·警世钟

全不晓，忠孝字，真理大纲。
是圣贤，应忠国，怎忠外姓？
分明是，残同种，灭丧纲常。
转瞬间，西洋人，来做皇帝；
这班人，少不得，又喊圣皇。
想起来，好伤心，有泪莫洒；
这奴种，到何日，始能尽亡？
还有那，假维新，主张立宪；
略珍域，讲服重，胡汉一堂。
这议论，都是个，隔靴搔痒；
当时事，全不道，好像颠狂。
倘若是，现政府，励精图治；
保得住，俺汉种，不遭凶殃。
俺汉人，就吞声，隶他宇下；
纳血税，做奴仆，也自无妨。
怎奈他，把国事，全然不理；
满朝中，除媚外，别无他长。
俺汉人，再靠他，真不得了！
好像那，四万万，捆入法场。
俄罗斯，自北方，包我三面；
英吉利，假通商，毒计中藏。
法兰西，占广州，窥伺黔桂；
德意志，胶州领，虎视东方。
新日本，取台湾，再图福建；
美利坚，也想要，割土分疆。

这中国，那一点，我还有分？

这朝廷，原是个，名存实亡。

替洋人，做一个，守土官长；

压制我，众汉人，拱手降洋。


　　列位！你道现在的朝廷，仍是满洲的吗？多久是洋人的
了；列位！若还不信，请看近来朝廷所做的事，那一件不是
奉洋人的号令？我们分明是拒洋人，他不说我们与洋人做对，
反说与现在的朝廷做对，要把我们当做谋反叛逆的杀了。列
位！我们倘不把这个道理想清，事事依朝廷的，恐怕口虽说
不甘做洋人的百姓，多久做了，尚不知信。朝廷固然是不可
违拒，难道说这洋人的朝廷，也不该违拒么？


俺汉人，自应该，想个计策；

为什么，到死地，不慌不忙？

痛只痛，甲午年，打下败阵；

痛只痛，庚子年，惨遭杀伤。

痛只痛，割去地，万古不返；

痛只痛，所赔款，永世难偿。

痛只痛，东三省，又将割献；

痛只痛，法国兵，又到南方。

痛只痛，因通商，民穷财尽；

痛只痛，失矿权，莫保糟糠。

痛只痛，办教案，人命如草；

痛只痛，修铁路，人扼我吭。

猛回头·警世钟

痛只痛，在租界，时遭凌践；

痛只痛，出外洋，日苦深汤。

　　列位！你看洋人到了中国，任是什么下等人，我们官府都要把做上司相看。租界虽然租了，仍是我的地方，那里晓得到了租界内，中国人比禽兽也比不上。一点儿不到，任是什么大官，都要送到工部局治罪。守街的巡捕，比那虎狼还凶些。中国人打死外国人，一个人要完十个人的命，还要革许多的官员，才能结案。外国人打死中国人，他就送往本国去了，中国的官府，半句话也讲不得。上海的西洋人，有一个花园上贴一张字：只有狗与支那人，不准进入！中国人当狗都当不得了！南洋群岛一带，以及美洲、澳洲，中国有二三百万人，在那里做苦工营生，那洋人异常妒忌，每人上岸就要抽五十圆的税，每年还有种种的税，少〔稍〕不如他们的意，他就任意打死。有一个地方，号做檀香山，有中国万多人的街，病死一个妇人，也是常事，那洋人说是疫死的，怕传染他们外国人，就放火把这街全行烧了。这街的人不敢做声，大家都到那河边树下居住。列位！你道伤心不伤心？那洋人看见中国的人，仍来他国不止，又想一个法子，上岸的时候，不能写五十个洋字的，不准上岸；把五十圆的身税，加至五百圆。其余的辣手段，都高涨了，差不多中国人不能有一个配出洋的。这一条苦生路，都将没有，还有别项生路吗？中国尚未为洋人所瓜分，已到这个情形，等到他们瓜分中国之后，他还准我们有一碗饭吃吗？

怕只怕，做印度，广土不保；

怕只怕，做安南，中兴无望。


列位！你道印度这大的地方，怎么灭的？说来真是好笑。三百年前，英国有几个商人，集十二万小小的公司，到印度通商，不上百年，这公司的资本就大了。到乾隆年间，这公司的一个书记，叫做克雷飞的，生得有文武全才，他就招印度人为兵，就印度地方筹饷，把印度各国全行灭了，归他公司管辖。列位！你道希罕得很罢？这印度是出佛，菩萨的国，其地方比中国小不得几多，其人口也有中国四分之三，为什么被英国一公司所灭？不晓得是印度人自己灭的，全不要英国费力，怎么怪得英国！我们中国人，和这印度人，好像是一槽水冲出来的。英国在我国的势力，比当初在印度大得多。列位！试想一想，我们今日骂印度人，恐怕印度人就要骂我了：安南的越南国，从前是进贡我中国的，和云南广西隔界，有中国三省地方之大，光绪十年，为法国所灭。这安南国王仍有个皇帝的空号，只没有权柄，受气不过，悔恨而死。临死的时候，叫道：欧洲人惹不得。呜呼！晚了！


怕只怕，做波兰，飘零异域；

怕只怕，做犹太，没有家乡！


列位！道这波兰是一个什么国？数百年前，他也是欧洲一个最著名的大国，后来内政不修，贵族当权，上下隔绝，遂为那俄罗斯、德意志、奥大利三国瓜分了。俄罗斯所得的地方更大，那暴虐的政府，真是笔不能述。波兰的人民，受虐不过，共起义兵，恰好有了基础，那贪生怕死的贵族，甘心做外族的奴隶，替俄人杀戮同胞。正如我国太平王起义兵，偏偏有这湘军替满洲平定祸乱。那俄人得此势力，遂乘势把波兰人杀死大半，其余杀不尽的，不准用波兰的语言，和波兰的文字，波兰的教门，一切都要用俄罗斯的。四处有俄罗斯的兵，波兰人一言一动，都不能自由。又把这贵族富户以及读书的人，都用囚笼囚了，送往那常年有雪的西伯利亚，共数三万，每一队有兵一队押送。起程之际，各人都舍不得自己的安乐家乡，抱头大哭，天昏地暗，就使铁石人听了、也应掉下泪来：独有这如狼似虎的兵卒、不管你舍得舍不得，不行的用鞭子抽。顷刻间，血肉横飞，死了无数。有一个妇人抱着孩子啼哭，那兵卒从怀中抢去，掷出数丈之外，那孩子口含馒头，遂跌死了。那妇人心如刀割，亦就抢〔撞〕死在地。一路之上，风餐露宿，忍饥受打，足足行了数月，方到彼处，已只救得三分之一。满目荒凉，凄惨万状，回想前日的繁华，真如隔世，都是梦也做不到的。那波兰人到此地步，思想早知如此，何不同那国民军共杀异族？纵然战死疆场，也落得个干干净净，何至此受苦，真个悔之无及。列位！这岂非是波兰人自作自受吗？至若犹太国，更与波兰不同，是数千年前一个名国，那耶苏〔稣〕即生在这个地方，其人最是聪明，文章技艺，件件俱精。尤善行商，只因行为卑鄙，没有政治思想，张三来也奉他做皇帝，李四来也奉他做君王。谁晓得各国只要土地，不要人，把犹太人逐出在外，不准在本地居留。可怜犹太人东奔西窜，无家可归，纵有万贯家财，也是别人的。即具绝顶才学，也无用处。各国都见他是一个无国的人，不把做个人相看，任意欺凌：今年俄罗斯有一个地方，住有数千犹太人，素安本分，近日俄人失掉了一个小孩子，哄传是犹太人杀了祭神，聚集多人，把犹太人的房屋放火烧了。犹太人也有自投河的，也有自吊梁的，其余的被俄人或砍其手，或断其足，或把身体支分节剖，又将小儿掷在空中，用刀承接，种种残虐，惨无天日。那俄国的官府不但不禁，反赞道应该如此；俄国的绅士以及传教士，都坐马车往观，以为笑乐。列位！试想一想，人到没有国的田地，就是这个模样，那一国不是俄罗斯？那一个不是犹太人？好叹呀！好怕呀！

怕只怕，做非洲，永为牛马；
怕只怕，做南洋，服事犬羊。

列位呵！莫道中国地是很大，人是很多，任从洋人怎么样狠，终不能瓜分中国。这非洲也就不小了，天下五大洲，亚细亚洲最大，第二就是非洲，人口也有二万万，只蠢如鹿豕，全不讲求学问，欧洲各国，遂渐渐把他的地方瓜分了。又将人口掳回，叫他做最粗的工，好比牛马一样。西洋人看待此处的人，如草芥一般，享福的是西洋人，受苦的是此处人。这是何故？都缘其人概不读书，愚蠢极了，所以受制于人。你看中国的人，有本领有知识的有几个？就是号称读书的人，除了且、夫、若、曰几个字外，还晓得什么？那欧美各国以及日本，每人到了六岁，无论男女都要进学堂，所学

猛回头·警世钟

的无非是天文、舆地、伦理、化学、物理、算学、图画、音乐，一切有用的学问，习了十余年。还有那陆军、海军、文科、农料、医科、师范各种专门学问。他的极下等人，其学问胜过我国的翰林、进士，所以他造个轮船，我只能当他的水手；他立一个机器厂，我只能当他的粗工；他们安坐而得大利，我们劳动而难糊口。此时大家尚不送子弟讲求切实学问，等到洋人瓜分了中国，一定是不要我们学他的，恐怕是求为牛马都不可得了！

怕只怕，做澳洲，要把种灭；

怕只怕，做苗瑶、日见消亡。

列位！你道于今灭国，仍是从前一样吗？从前灭国，不过是把那国的帝王换了坐位，于民间仍是无损。于今就大大的不相同了，灭国的名词叫做民族帝国主义。这民族帝国怎么讲的？因其国的人数太多，本地不能安插，撞着某国的人民本领抵当他不住的，他就乘势占了。久而久之，必将其人灭尽，他方可全得一块地方：非是归服于他，就可无事，这一国的人种不灭尽，总不放手。那灭种的法子，也是不一，或先假通商，把你国的财源如海关等一手揽住，这国的人渐渐穷了，不能娶妻生子，其种自然是要灭；或先将利债借与你国，子息积多，其国永远不能还清，拱手归其掌握；或修铁路于你国中，全国死命皆制在他手；或将你国的矿产尽行霸占，本国的人倒没有份。且西洋人凡灭了一国，不准你的国人学习政治、法律、军事，只准学些最粗浅的工艺，初则以为牛马，终则草芥不如；其尤毒者，则使其国的人自相残杀。那澳洲的土人凶悍不过，英国虽占领此处，也无法可治，最后乃想一个绝好的妙计，土人之中，有自将同类杀害来献者，每一头赏银五角。那土人为着五角银子，纷纷相杀。这人杀了那人，其头又被他人取去，不上几十年的工夫，其人遂没有种了，银子丝毫仍归英人。列位！你看我们中国的人为着每月一二两饷银，便甘心为异族杀害同种，岂不与这澳洲的土人一样吗？那西洋人灭人国的法子，那一条没有向中国用过呢？就使不瓜分我们中国，但如此行去，不上百年，我们中国也没有种了。这是何故？你看自通商以来，我们中国的人，不是日穷一日么？每年因通商要送他四五千万银子，洋烟一项，又要送他无数万，中国就是金山也要用尽。况且近来又添出五六千万两的赔款，那里有这项大款呢？记得我前年在本省省城居住，市上生意尚为繁盛，新年度岁，热闹非常，到了去年因要出这项赔款，倒了多少钱号，及至今年新正，冷淡多了。仅只一年，已是如此，再过二三十年后，可想得吗？洋人在中国的轮船铁路，日多一日，那靠着驾船挑担为生者，再有路吗？洋人在中国的机器织布等局，愈推愈广，那靠着手艺纺织为生者，再用得着吗？这轮船、铁路、机器、织布，最能富国，无奈中国的人，自己不做，甘心送与洋人做，岂非是自寻死路吗？中国的矿产，随便一省，足敌欧洲一国，也都送与洋人，还有那里可生活呢？洋人得了中国的钱，就来制中国的命，英国施于澳洲的手段，又施之于中国。俄国在东三省，英国在威海卫，德国在胶州，法国在广州湾，即招中国人为兵，与小国开起战来，把此等的兵当做先锋。将来各国瓜分中国之后，又不能相安无事，彼此仍要相争，此国驱这省的人，彼国驱那省的人，彼此死的都是中国的人，洋人不过在后做一个指挥官，胜了败了、都与他无涉。各国战争没有休止，中国人的死期，也没有休止。等到中国人杀完了，其实洋人终未动手，仍是中国人杀中国人。人数虽多，不过比澳洲多杀得几年，那里还有种呢！列位不要错认蒙古、满洲灭了中国，中国人种虽当时杀了十分之九，不久又复了原；将来洋人分了中国，也不过是一例。须晓得蒙古、满洲，本国人数很少，中国人数很多，没有中国人，他得一块荒地，有何用处？兼且他是野蛮，我是文明，无一件不将就中国的人，这非他有爱于我，为势所迫，不得不然。那蒙古初得中国的时候，本意要将汉人杀尽，把其地做为牧场，以便畜养牛马。耶律楚材说，不如留之以出租税，是以得免。汉种之不灭，岂不侥幸得很吗？洋人的文明，比中国强得远，他得了中国，除充下等的奴隶，那一项要你这个无用的东西？文明当他不住，他就不杀，也是要灭的。这中国先前的主人翁，岂不是那苗瑶的吗？这十八省哪一处不是他的。我们汉族自西北方来到中国，也与这西洋人自泰西来的差不多：他们战败了，渐渐退出黄河一带，让与我们汉人，又被我们汉人由大江一带把他赶到那闽、广、云、贵等处居住，不久又被我们汉人占了。到了今日，除深山穷谷外，尚有些少苗瑶，其余的平原大地，还有苗瑶的影儿吗？当汉人未来之先，这苗瑶也是泱泱大族，他族内的事情，他也办得井井有条。只因撞着我们这文明的汉族，就如雪见太阳，全不要理他，自行消灭：我汉族对于蒙古、满洲、苗瑶，自然是文明的；对于欧美各国，又是野蛮：倘不力求进步，使文明与欧美并驾齐驱，还有不灭种的理吗？

> 左一思，右一想，真正危险，
> 说起来，不由人，胆战心惶。
> 俺同胞，除非是，死中求活，
> 再无有，好妙计，堪做主张。

## 第一要，除党见，同心同德。

列位！我们四万万人都是同胞，有什么党见呢？常言道得好，兄弟在家不和，对了外仇，一根喉咙出气。我看近来也有守旧的，也有求新的，遂闹出多少的意见。其实真守旧是很好的，他的意思，总要守着那祖宗相传的习惯，恐怕讲习时务就变了外国的模样，我实在佩服得很！但可惜没有到实事上用心去想，不晓得这时务是万要讲的。比如冬天有冬天的事情，夏天有夏天的事情，一点儿都要守那冬天的样子，可行得去吗？

我们从前用弓箭交战，他于今变了洋枪，我还可拿弓箭与他交战吗？我们用手织布，他用机器织布，一人可抵得千人，我又不能禁人不穿洋布，还可不学他的机器吗？凡他种种强过我们的事件，我那一件不要学他的呢？不把他们好处学到手，可抵得住他吗，犹如邻家恃着他的读书人多，武艺高强，银钱广有，欺凌我到极步，我恨他是不消说得的。但任你如何恨他，也是奈他不得，少不得也要送子弟读书习武，

猛回头·警世钟

将他发财的道理，一切学习，等到件件与他一样，才可报他的仇。这样看来，不想守旧则罢，要想守旧，断断不能不求新了。那真求新的，这守旧的念头也就很重，祖宗旧日的土地失了数百年，仍想争转来，一草一木，都不容外族占去，岂不较那徒守旧的胜得多吗？至若专习几句洋话，到那洋人处当一个二毛子，遂自号求新党，这是汉种的败类，怎么说得是求新呢：那守着八股八韵，只想侥幸得一个功名，以外一概不管，这是全无人心的人，怎么说得是守旧！这两种人都可不讲，只要这真守旧、真求新的会合起来，这利益就很大了。从前只有守旧、求新二党，到了晚近，即求新一党，又分出许多党来。有主张革命的，有主张勤王的，有主张急进的，有主张和平的，有主张陆军的，有主张科学的，比那从前两大党的争竞还激烈一些。不晓得都没有平心去想，革命固是要紧，但那勤王的只是一时见不到，久后一定要变。除非是两军阵前，总不可挟持意气，只可将真理慢慢与他讲明。今日的时势，急进是万不可无，然没有和平一派，一败之后，遂没有人继起了。要把现在的江山，从那虎狼口中抢转来，怎么不要陆军呢？但江山抢转来了，没有科学，又怎么行得去呢？外国人的党派虽多，然大宗旨都是与他国、他族做对，全是为公，并没为私。撞着他国、他族的事件来了，他一国、一族的人同是一个心，并没有两个心。故我等但求莫失这与外族做对的大宗旨，其余下手的方法，也就听各人自便，毫不能相强的。此外又有私立的党会，算来不下数千百起，都不相连络，此处起事，彼处旁观，甚或彼此相仇，也是有的。列位呵！昔日有一个番王，他有十九个儿子，到了临死的时候，把十九个儿子都喊到面前，每人赐一枝箭，叫把一枝箭折断，就折断了，又叫把十九枝箭札合起来，就不能折断半毫。那番王言道："孩儿呵！你们须晓得分开易断，合聚难折。你们兄弟假若一人是一人，别人就不难把你们灭了；你们若是合聚起来，如一个人一般，那一个能灭得你们！"这一十九人听了他父亲的言语，果然国富兵强，没有一国敢小视他：今日无数的外族；都要灭我们这一族，我们四万万人就合做一个，尚恐怕敌他不住，怎么一起是一起的，全不相关？等到各起都灭完了，难道你这一起保得住么？依了鄙人的愚见，不如大家合做一个大党，凡是我汉族的人，无论是为士、为农、为工、为商，都不可丝毫扰害，都要极力保护，不使一个受外族的欺凌，方可对得祖宗住，岂不是大豪杰所做的事吗？

## 第二要，讲公德，有条有纲。

列位！你看我们中国到这个地步，岂不是大家都不讲公德，只图自利吗？你不管别人，别人也就不管你，你一个人怎么做得去呢！若是大家都讲公德，凡公共的事件，尽心去做，别人固然有益，你也是有益。比如当他人穷困的时候，我救了他；我到了穷困的时候，他又来救我，岂不是自救吗？有一个物件，因不是我的，不甚爱惜，顺便破坏；到我要用那物件的时候，又没有了，岂不是自害吗？我看外国的人，没有一个不讲公德的，所以强盛得很。即如商业一项，诚实无欺，人人信得他过，不比中国人做生意，奸盗诈伪

猛回头 · 警世钟

齐生，没有人敢照顾：这商务难道不让他占先吗？

列位！为人即是为己，为己断不能有益于己的。若还不讲公德，只讲自私，不要他人来灭，恐怕自己也是要灭的。

## 第三要，重武备，能战能守。

列位：今日的世界，什么世界？是弱肉强食的世界。你看于今各国，那国不重武备？每人到了二十岁，就是王子也要当兵三年。不当兵的，任是什么贵族，也没有个出身。这兵的贵重，比中国人的举人、秀才还贵重一些；兵丁的礼信，中国的道学先生多当他不得。平日的操练如临战一般，到了两军阵前，有进无退。若是战死了，都到死者家里庆贺，这家也就不胜荣宠，全无哀戚的心思。假若临阵脱逃，父遂不以为子，妻遂不以为夫。所以极小的国，都有数十万精兵，任凭何等强国都是不怕。不比中国好儿不当兵，好铁不打钉，把兵看得极贱，平时操练一点没有，到开差的时候，妇啼子哭，恐怕就不生还。一路奸淫掳掠，闻风就跑。列位！你看外国的兵是那个样子，中国的兵是这个样子，怎么不有败无胜！若不仿照外国的法子，人人当兵，把积弊一切扫除，真真不可设想了！

## 第四要，务实业，可富可强。

列位！中国从前把工艺做下等人物看待，那里晓得各国的富强都从工艺来的？于今中国穷弱极了，若没有人做枪炮，何能与外国开战；没有人做一切的机器，何能把通商所失的利权争转来？铁路、轮船、矿务都可以富国，若没有人学习此等的专门，又何以办得呢？列位！你们有子弟的，何不赶紧送出外洋学习实业，不过费一二千金，立刻可以大富，并且有大利于国，何苦而不为呢？

## 第五要，兴学堂，教育普及。

列位！各国的教育，前已讲明过了，中国此时尚不广兴学堂，真是无从救了。

## 第六要，立演说，思想遍扬。

列位！演说是开通风气第一要着。三四个人，就要演说一番，要想救国，这是万不可不立的。

## 第七要，兴女学，培植根本。

列位呵！那女子无才便是德的谬说，真正害人得很。外国女子的学问与男子一样，所以能相夫教子。中国的女子一点知识没有，丈夫、儿子不但不能得他的益，且被他阻挠不少，往往有大志的人，竟消磨于爱妻、慈母。男子半生都在女子手里，女子无学，根本坏了，那里有好枝叶呢？

## 第八要，禁缠足，敝俗矫匡。

缠足的害，已经多人说了，不消重述。但大难临头，尚

猛回头·警世钟

不赶紧放足，岂不是甘心寻死吗！

## 第九要，把洋烟，一点不吃。

洋人害中国的事，没有毒于洋烟的。然而洋人自己不吃，这是怪得洋人吗？吃烟明明有损无益，都不能戒，也就没有话说了。

## 第十要，凡社会，概为改良

列位！我们若不把社会一切不好的处大加改变，无论敌不住外族，就是没有外族，又怎么自立呢？外国人好，非是几个人好，乃是全国的人都好。比如一家，只有一两个好人，其余都是无恶不做的，那家怎么能兴呢？列位！照现在的人心风俗，恐怕是万事俱休的景况，可痛呀！

这十要，无一件，不是切紧；
劝同胞，再不可，互相观望。
还须要，把生死，十分看透；
杀国仇，保同族，效命疆场。
杜兰斯，不及我，一府之大；
与英国，战三年，未折锋芒。
何况我，四万万，齐心决死；
任凭他，什么国，也不敢当。
看近来，怕洋人，到了极步；

这是我，毫未曾，较短比长。

天下事，怕的是，不肯去做；

断没有，做不到，有志莫偿。

这杜国，岂非是，确凭确证；

难道我，不如他，甘做庸常。


　　列位呵！你看从前听得洋人二字，心中便焦，恨不将空拳打死他。全不晓得他人怎样强，只恃着我一肚子血气。俺家曾劝道，不要无理取闹，恐怕惹出祸来没有人担任。不意近来一变而为怕洋人的世界，见了洋人，就称洋大人、洋老爷，豫先存一个顺民的意思。列位呵！从前的行为，虽然有一些野蛮，尚有一点勇敢之概。照现在的情形，是做了一次的奴隶不足，又要做第二次的奴隶，真个好哭呀！这也无非因打下几个败阵，遂把洋人看得极重。其实洋人也不过是一个人，非有三头六臂，怎么就说不能敌他？近数年有一段故事，列位听了就不要惧怕那洋人。南阿非利加洲有一个小小的国、叫杜兰斯。那国的地方，也有中国数府大，只是人口仅有四五十万，不及中国一县。这国的金矿很多，世界第一个强国英吉利，惯灭人国的，怎么不起了贪心，想要把这国归他管辖？那里晓得杜国人人都是顶天立地的大国民，不甘做他人的奴隶，遂与英国开战。这英国灭过多少的大国，那里有杜国在眼里！不意杜国越战越猛，锋不可当。英国大惊，调各属地的大兵三十万，浩浩荡荡，向杜国进发。可怜杜国通国可当兵的不过四五万人，尽数调集，分头迎敌，足足战了三年，丝毫没有退让：英国晓得万不能灭他，遂与杜国讲和退兵。列位！那英国的属地，比本国大七十六倍，个个是杜兰斯，英国能占得他人一寸地吗？中国的人比杜国多一千倍，英国要灭我中国，照杜国的比例算起来，英国须调兵三万万，相战至三千年，才可与他言和。杜国既然如此，难道我就当不得杜国吗？天下无难事，只怕有心人。这两句话，难道列位未曾听过吗？

## 要学那法兰西，改革弊政。

列位！你看于今那个不赞道，法兰西的人民享自由的福？谁晓得他当二百年以前，受那昏君贼官的压制，也与我现在一样。法兰西通国只有中国一二省大，却有十三万家的贵族，都与那国王狼狈为奸，把百姓如泥似土的任意凌践。当明朝年间，法国出了一个大儒，名号卢骚，是天生下来救度普世界的人民的，自幼就有扶弱抑强的志气。及长，著了一书，叫做《民约论》。说道这国家是由人民集合而成，公请一个人做国王，替人民办事，这人民就是一国的主人，这国王就是人民的公奴隶；国王若有负人民的委任，这人民可任意掉换。法国的人，先前把国认做是国王的，自己当做奴隶看待，任凭国王残虐也不敢怨。闻了卢骚这一番言语，如梦初醒，遂与国王争起政来。国王极力镇压，把民党杀了无数，谁知越杀越多，一连革了七八次命，前后数十年，终把那害民的国王、贵族，除得干干净净，建设共和政府，公举一人当大统领，七年一换。又把那立法的权柄归到众议院来了。议员都从民间公举，从前种种虐民的弊政，一点没有；利民的善策，件件做到。这法兰西的人民，好不自由快乐吗？人人都追想卢骚的功劳，在法国京城巴黎为卢骚铸个大大的铜像，万民瞻仰，真可羡呀！

## 要学那德意志，报复凶狂。

列位呵！有恩不报非君子，有仇不报枉为人。这两句话岂不是我们常常讲的吗？试看我们的仇，一点报了没有？不独没报，有这个报仇的心思没有？这德意志就与我们不同。法国的皇帝名叫拿破仑第一，恃着他的英雄，把德国破残到极步。那德国的皇帝威廉第一，与宰相俾士麦，想报法国的仇，用全国皆兵的制度，人民到了二十岁，即当正兵，三年退为预备兵，到了五十岁，方免役。不上几十年，人人都是精兵。到了咸丰年间，把法国打得大败，拿破仑第一的侄儿拿破仑第三，扯下白旗，向德国投降。又割了七城，及五千兆法兰格，与德国讲和息兵。德国遂做了第一等的强国，岂不真可佩服吗？

## 要学那，美利坚，离英自立。

列位！你看五洲万国最平等、最自由、称为极乐世界者，岂不是美利坚吗？列位！须晓得这个世界，也不是容易做得来的。这美利坚原是北美洲一块荒土，自前明年间英国有数人前往开荒，自后越来越多。到乾隆时候，有了三百万人。时英国与法国连年开战，兵饷不足，把美利坚的地税加了又

· 33 ·

加，百姓实在出不起了，向那官府面前求减轻一些，不但不准，反治了多少人的罪。人人愤怒，共约离英自立，公举华盛顿挂帅，与英国一连战了八年。英国奈他不何，只好听其自立一国，公举华盛顿为王。华盛顿坚不允从，说道：岂可以众人辛苦成立的国家，做一人的私产？因定了民主国的制度，把全国分为十三邦，由十三邦公举一人做大统领，四年一任，退任后与平民一样。其人若好，再可留任四年，八年后任凭如何，不能留任。众人公举了华盛顿为大统领，后又做过一任，即住家中为农，终身未尝言功。列位！这岂非是大豪杰、大圣贤的行径吗？美利坚至今仍守此制，人口已有了七千余万，荒地尚有五分之四末开，全国的铁路一十六万里，学堂的费用每年八千余万，其国的人民好像在天堂一般。列位！这美利坚若不是八年苦战，怎么有了今日呢！

## 要学那，意大利，独自称王。

列位！这意大利从前是一统的大国，后来为奥大利占领，分做无数的小邦，都受奥大利的节制，有多少志士思想恢复，终是不成。前数十年有一个志士，名叫玛志尼！因国为人所灭，终身穿着丧服，著书立说，鼓动全国的人民报仇复国，人人都为他所感动。又有一个兴深明韬略的加波里，智胜天人的加富耳，辅着那撒尔丁王，一统意大利，脱了奥大利的羁绊。于今意大利有人口三千万，海陆精兵五十余万，在欧洲算一个头等的国，岂不是那三杰的功劳吗？

## 莫学那，张弘范，引元入宋。

列位呵！你看好好一个中国，被那最丑最贱的元鞑子所灭，谁不痛心切齿？那晓得就是枭獍为心的张弘范，带领元兵灭的。这张弘范虽把他千刀万割，也不足以偿其罪。但恐怕于今要做张弘范的正是很多，何苦以一时的富贵，受万古的骂名，也很犯不着。就是要倾倒那满洲，只可由我所为，断不可借外洋的兵，那引虎进狼的下策，劝列位万万莫做。

## 莫学那，洪承畴，狠心毒肠。

列位阿！奸淫的人见了美貌女子、莫不甘言哄诱。及到了手，又嫌他是不贞的妇女，常存鄙薄的心思。那强盗取人的国，就是这个情形。要他人投降，便以高官厚爵相哄！降了之后，反要说他不忠。比如洪承畴，是明朝一个大学士，督统天下的兵马，征讨满洲，战得大败，满洲把他捉去，其初也有不降的心思，满洲苦苦相劝，他遂变了初节，又做了满洲的阁老，捉拿残明的福王、唐王、桂王，都是他的头功。那里晓得满洲的统帅，个个封王赐爵，独有洪承畴白白亡了明朝的江山，一爵俱无。到了乾隆年间，修纂《国史》，把他放在《贰臣传》第一。列位！那洪承畴死后有知，岂不埋怨当初吗？

## 莫学那，曾国藩，为仇尽力。

列位呵！当道光、同治年间，我们汉人有绝好自立的机

猛回头·警世钟

会，被那全无心肝的人，苦为满洲出力，以致功败垂成，岂不是那湘军大都督曾国藩吗？俺想曾国藩为人也很诚实，只是为数千年的腐败学说所误，不晓得有本族、异族之分，也怪他不得。但可怜曾国藩辛苦十余年，杀了数百万同胞，仅得一个侯爵；八旗的人，绝不费力，不是亲王，就是郡王。而且，大功才立，就把他兵权削了，终身未尝立朝，仅做个两江总督，处处受人的挟制，晦气不晦气？若是当日晓得我的世仇万不可不灭的，顺便下手，那天下多久是我汉人的，曾国藩的子孙，于今尚是皇帝；湘军的统领，都是元勋，岂不好得多吗？列位：你道可惜不可惜呢！

## 莫学那，叶志超，弃甲丢枪。

列位！对于自己不可为满洲杀同胞，对于他人又不可不为同种杀外种。日本与我国在朝鲜国开战、淮军统领叶志超，带领数十个营头，不战而逃，以致朝鲜尽失，又赔日本的款二万万两，台湾割送。中国自此一败，遂跌落到这个地步，岂不是叶志超的罪魁吗？

> 或排斗，或革命，舍死做去；
> 孙而子，子而孙，永远不忘。
> 这目的，总有时，自然达到；
> 纵不成，也落得，万古流芳。
> 文天祥，史可法，为国死节；
> 到于今，都个个，顶祝馨香。

越怕死，越要死，死终不免；

舍得家，保得家，家国两昌。

那蒙元，杀中国，千八百万；

那满清，杀戮我，四十星霜。

洗扬州，屠嘉定，天昏地暗；

束着手，跪着膝，枉作天殃。

阎典史，据江阴，当场鏖战；

八十日，城乃破，清兵半伤。

苟当日，千余县！皆打死仗；

这满洲，纵然狠，也不够亡。

无如人，都贪生，望风逃散；

遇着敌，好像那，雪见太阳。

或悬梁，或投井，填街塞巷；

妇女们，被掳去，拆散鸳鸯。

那丁壮，编旗下，充当苦役；

任世世，不自由，赛过牛羊。

那田地，被圈出，八旗享受；

那房屋，入了官，变做旗庄。

还要我，十八省，完纳粮饷；

养给他，五百万，踊跃输将。

看起来，留得命，有何好处；

倒不如，做雄鬼，为国之光。


　　列位呵！你看蒙元入中国以来，前后共杀人一千八百万，这是有册可考。那未入册的，又不知有几多。假若这

猛回头·警世钟

一千八百万人，豫先晓得这一死是不能免的，皆起来与他做敌，这蒙元总共只有数十万人，就是十个拼他一个，不过死数百万人，他也没有种了，又怎能灭中国呢？就是满清，自明万历以来，日在辽东一带吵闹有数十年之久，所杀的人已不知多少了。自顺治元年到康熙二十二年，共四十年，无一时一刻不是杀汉人。扬州一城，已是八十余万，天下一千六百余城，照此算来，可以想了。现在人口四万万，明朝休养三百年，亦必有了此数。康熙年间查点天下的人口仅二千余万，是二十个只救得一个，其余的小半，是张、李二贼所杀，大半是满洲所杀。列位！你道可惨得很吗？这被杀的人，都不是在阵前杀的，人人都想逃死，各人只顾各人，那满洲杀了这一方，又杀那一方，全没有人抗拒。仅只江阴县有一个阎典史，名叫应元，纠集民兵数百，死守县城。那满洲提大兵二十五万，日夜攻打，应元临机应变，满洲死了无数，直攻打八十日，其城乃破。应元手执大刀，等在巷口血战，所杀的鞑子数百余个，始为满兵所捉。满洲的头目，苦劝其投降，许以王侯之贵，那位阎典史，只是骂不绝口，仍不敢杀他，幽在一寺，半夜间自行死了。一城的男女，都皆战死，无一个降的。满洲自犯中国以来，从未损兵折将，这回死了一王、二贝勒，及兵将十余万。列位：假若人人都是应元，县县都是江阴，那满洲怎能入中国呢？可惜人皆怕死，这一死是万不能免的！杀不尽的妇女，被满洲掳去，任意奸淫，有钱可以赎回，无钱永不相见；丁壮赶往北方，交八旗人为奴，牛马也比不上；如有私逃的人，匿留一晚，就要全家诛戮，往往因一人株连数千家。

离北京横直五百里，都圈做八旗的地。从前的业主，赶出本境，房屋一概入官，做为旗庄。此外又要十八省的人，公养他五百万，至今不农、不工，只是坐食汉人。列位！这岂非是可恨之极吗？

> 这些事，虽过了，难以深讲；
> 恐将来，那惨酷，百倍萧凉。
> 怎奈人，把生死，仍看不透；
> 说到死，就便要，魂魄失丧。
> 任同胞，都杀尽，只图独免；
> 那晓得，这一死，终不能让。
> 也有道，是气数，不关人事；
> 也有道，当积弱，不可轻尝。
> 这些话，好一比，犹如说梦；
> 退一步，进一步，坐以待亡。
> 那满人，到今日，势消力小；
> 全不要，惧怕他，失掉主张。
> 那列强，纵然是，富强无敌；
> 他为客，我为主，也自无妨。
> 只要我，众同胞，认清种族；
> 只要我，众同胞，发现天良。
> 只要我，众同胞，不帮别个；
> 只要我，众同胞，不杀同乡。

列位呵！那满洲只有我百分之一，怎么能压制汉人？都

猛回头·警世钟

因不知汉人是同祖的骨肉，满洲是异种的深仇，倒行逆施，替仇人残害同种，所以满人就能安然坐了二百余年的天下，一岂是满人的才能，乃是我汉人愚蠢极了。试问那处的祸乱，不是汉人代他平息的；假若汉人都晓得种族，把天良拿出来，不帮他了，只要喊一声，那满人就坐不稳。列位！你们也晓得家有家帮，族有族帮，县有县帮，府有府帮，难道说对了外国异族，就没有帮口吗？有人叫列位把自己的兄弟杀死，虽有多少银钱，列位谅不愿的。怎么为着数两银子，就甘心替仇人杀同胞？列位！试自问有良心没有？他要杀人的时候，就叫列位来；他没有人杀，就不要列位了；列位有半点不是，他又叫人来杀列位。列位所吃的粮，虽说是满洲所出，其实他吃的，都是汉人的，那里有粮与你吃？吃汉人的粮，仍杀汉人，列位可想得去吗？列位：若是替同种杀了异种，那个不报你的功劳呢？列位！列位！前此错了，于今可以转来了。至若替那数万里外的西洋人杀害同胞，不消说得，这是万不可行的。

那怕他，枪如林，炮如雨下；
那怕他，将又广，兵又精强。
那怕他，专制政，层层束缚；
那怕他，天罗网，处处高张。
猛睡狮，梦中醒，向天一吼；
百兽惊，龙蛇走，魑魅逃藏。
改条约，复政权，完全独立；
雪仇耻，驱外族，复我冠裳。

到那时，齐叫道，中华万岁；

才是我，大国民，气吐眉扬。


俺小子，无好言，可以奉劝；这篇话，愿大家，细细
思量。


瓜分豆剖逼人来，同种沉沦剧可哀！
太息神州今去矣，劝君猛醒莫徘徊！
匈奴未灭，何以家为？
——录自曹亚伯：《武昌革命真史》（前编）

猛回头·警世钟

# 警世钟

# 警世钟

（1903 年秋）

长梦千年何日醒，睡乡谁遣警钟鸣？
腥风血雨难为我，好个江山忍送人！
万丈风潮大逼人，腥膻满地血如糜；
一腔无限同舟痛，献与同胞侧耳听。

嗳呀！嗳呀！来了！来了！甚么来了？洋人来了！洋人来了！不好了！不好了！大家都不好了！老的、少的、男的、女的、贵的、贱的、富的、贫的、做官的、读书的、做买卖的、做手艺的各项人等，从今以后，都是那洋人畜圈里的牛羊，锅子里的鱼肉，由他要杀就杀，要煮就煮，不能走动半分。唉！这是我们大家的死日到了！

苦呀！苦呀！苦呀！我们同胞辛苦所积的银钱产业，一齐要被洋人夺去；我们同胞恩爱的妻儿老小，活活要被洋人拆散；男男女女们，父子兄弟们，夫妻儿女们，都要受那洋

人的斩杀奸淫。我们同胞的生路，将从此停止；我们同胞的后代，将永远断绝。枪林炮雨，是我们同胞的送终场；黑牢暗狱，是我们同胞的安身所。大好江山，变做了犬羊的世界；神明贵种，沦落为最下的奴才。唉！好不伤心呀！

恨呀！恨呀！恨呀！恨的是满洲政府不早变法。你看洋人这么样强，这么样富，难道生来就是这么样吗？他们都是从近二百年来做出来的。莫讲欧美各国，如今单说那日本国，三十年前，没一事不和中国一样。自从明治初年变法以来，那国势就蒸蒸日上起来了；到了于今，不但没有瓜分之祸，并且还要来瓜分我中国哩！论他的土地人口，不及中国十份之一。他因为能够变法，尚能如此强雄。倘若中国也和日本一样变起法来，莫说是小小日本不足道，就是那英、俄、美、德各大国恐怕也要推中国做盟主了。可恨满洲政府抱定一个"汉人强，满人亡"的宗旨，死死不肯变法。到了戊戌年，才有新机，又把新政推翻，把那些维新的志士杀的杀，逐的逐，只要保全他满人的势力，全不管汉人的死活。及到庚子年闹出了弥天的大祸，才晓得一味守旧万万不可，稍稍行了些皮毛新政。其实何曾行过，不过借此掩饰掩饰国民的耳目，讨讨洋人的喜欢罢了；不但没有放了一线的光明，那黑暗反倒加了几倍。到了今日，中国的病，遂成了不治之症。我汉人本有做世界主人的势力，活活被满洲残害，弄到这步田地，亡国灭种，就在眼前，你道可恨不可恨呢？恨的是曾国藩，只晓得替满人杀同胞，不晓得替中国争权利。当初曾国藩做翰林的时候，曾上过折子，说把诗赋小楷取士不合道理，到了后来出将入相的时候，倒一句都不敢说了。若说他不知道这些事体，缘何却把他的儿子曾纪泽学习外国语言文字，却不敢把朝廷的弊政更改些儿呢。无非怕招满政府的忌讳，所以闭口不说，保全自己的禄位，却把那天下后世长治久安的政策，丢了不提，你道可恨不可恨呢？恨的是前次公使随员、出洋学生，不把外洋学说输进祖国。内地的人为从前的学说所误，八股以外没有事业，《五经》以外没有文章，这一种可鄙可厌的情态，极顽极固的说话，也不用怪。我怪那公使随员、出洋学生，亲那外洋，见那外洋富强的原由，卢骚的《民约论》，美国的《独立史》，也曾看过，也曾读过，回国后，应当大声疾呼，喊醒祖国同胞的迷梦。那知这些人空染了一股洋派，发了一些洋财，外洋的文明一点全没带进来。纵有几个人著了几部书，都是些不关痛痒的话，那外洋立国的根本，富强的原因，没有说及一句。这是甚么缘故哩？恐怕言语不慎，招了不测之祸，所以情愿瞒着良心，做一个混沌汉。同时日本国的出洋人员回了国后，就把国政大变的变起来，西洋大儒的学说大倡的倡起来，朝廷若不依他们，他们就倡起革命来，所以能把日本国弄到这个地步。若是中国出洋的人，回国后也和日本一样，逼朝廷变法，不变法就大家革起命来，那时各国的势力范围尚没有如今的广大，中国早已组织了一个完完全全的政府了，何至有今日万事都措手不及哩？唉！这些出洋的人，只怕自己招罪，遂不怕同胞永堕苦海，你道可恨不可恨呢？恨的是顽固党遇事阻挠，以私害公，我不晓得顽固党是何居心？明明足以利国利民的政事，他偏偏要出来阻挠。我以为他不讲洋务一定是很恨洋人的，那里晓得他见了洋人，犹如鼠见了猫一般，骨都软了，洋人说一句，

猛回头·警世钟

他就依一句。平日口口声声说制造不要设，轮船铁路不要修，洋人所造的洋货，他倒喜欢用；洋人所修的轮船火车，他倒偏要坐。到了于今，他宁可把理财权、练兵权、教育权拱手让把洋人，开办学堂、派遣留学生，他倒断断不可。这个道理，那一个能猜得透哩！呵呵！我知道了！他以为变了旧政，他们的衣食饭碗就不稳了，高官厚爵也做不成了；所以无论什么与国家有益的事，只要与他不便，总要出来做反对，保他目前的利权。灭国灭种的话全然不知，就有几个知道，也如大风过耳，置之不理。现在已到了灭亡时候，他还要想出多少法儿，束缚学生的言论思想行为自由，好像恐怕中国有翻身一日，你道可恨不可恨呢？这四种人到今日恨也枉然了。但是使我们四万万人做牛做马，永世不得翻身，以后还有灭种的日子，都是被这四种人害了。唉！我们死也不能和他甘休的！

真呀！真呀！真呀！中国要瓜分了！瓜分的话，不从今日才有的。康熙年间，俄罗斯已侵入黑龙江的边界；道光十八年，英吉利领兵三千六百人侵犯沿海七省，破了许多城池，到了道光二十二年才讲和，准他在沿海五口通商，割去香港岛（属广东省），又前后赔他银子二千一百万两。从此那传教的禁条也解了，鸦片烟也任他卖了。照万国公法，外国人在此国，必依此国的法律。那时中国和英国所订的条约，英国人在中国犯了罪，中国官员不能惩办他；就是中国人在租界，也不归中国管束。名为租界，其实是英国的地方了。又各国于外国进口的货物，抽税极重，极少值百抽二十，极多值百抽二百，抽多抽少，只由本国做主，外国不能阻他。独有英国在中国通商，值百抽五，订明在条约上面，如要加改，不由英国允许了不可。并且条约中还有利益各国均沾的话，所以源源而来的共有十六国，都照英国的办法。从此中国交涉的事，日难一日，一切利权都任洋人夺去。亡国灭种的祸根，早已埋伏在这个条约里了，可怜中国人好像死人一般，分毫不知。到了咸丰六年，英、法两国破了广东省城，把两广总督叶名琛活活捉去，后来死在印度。咸丰十年，英、美、俄、法四国联兵，把北京打破，咸丰帝逃往热河，叫恭亲王和四国讲和，赔银八百万两，五口之外，又加上了长江三口。以后到了光绪十年，法国占了越南国，后一年英国又占了缅甸国，那中国的势力，越发弱下去了。光绪二十年，日本国想占高丽国，中国发兵往救，连打败仗，牛庄、威海卫接连失守；遂命李鸿章做全权大臣，在日本马关和日本宰相伊藤博文订立和约，赔日本银二万万两，另割辽东（即盛京省）七城，台湾一省。后来俄国出来说日本不应得辽东，叫中国再加银三千万两赎还七城，日本勉强听从。俄国因此向中国索讨谢敬，满洲遂把盛京的旅顺、大连湾奉送俄国。各国执了利益各国均沾那句话，所以英国就乘势占了威海卫，德国在先占了胶州湾，法国照样占了广州湾。（旅顺在盛京省，威海、胶州俱属山东省；以上三处，俱是北洋第一重门户。广州湾属广东省。）那时已大倡瓜分之说，把一个瓜分图送到总理衙门（就是如今的外务部），当时也有信的，也有不信的，但不信的人多得很。到了庚子年义和团起事，八国联兵打破北京，这时大家以为各国必要实行瓜分中国了。不料各国按兵不动，仍许中国讲和，但要中国出赔

猛回头·警世钟

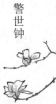

款四百五十兆（每兆一百万）两〔连本带息共九百八十兆〕，把沿海沿江的炮台拆毁，京师驻扎洋兵，各国得了以上各项利益，遂把兵退了。于是人人都说瓜分是一句假话，乃是维新党捏造出来的，大家不要信他的胡说。不知各国不是不瓜分中国，因为国数多了，一时难得均分，并且中国地方宽得很，各国势力也有不及的地方，不如留住这满洲政府代他管领，他再管领满洲政府，岂不比瓜分便宜得多么？瓜分慢一年，各国的势子越稳一年，等到要实行瓜分的时候，只要把满清政府去了，全不要费丝毫之力。中国有些人，瓜分的利害全然不知，一丝儿不怕；有些人知道瓜分的利益，天天怕各国瓜分中国。我只怕各国不实行瓜分，倘若实行瓜分了，中国或者倒能有望。这暗行瓜分的利害，真真了不得。果然俄国到今年四月东三省第二期撤兵的时候，也不肯照约撤兵，（庚子年俄国用兵把东三省尽行占了，各国定约叫俄国把东三省退回中国，分做三期撤兵。吉林、黑龙江、盛京叫做东三省，又叫做满洲，是清朝的老家。）提出新要求七款，老老实实，把东三省就算做自己的了。那时中国的学生志士，奔走叫号，以为瓜分的时候又到了。后来英、美、日本三国的公使，不准中国答应俄国七款的要求，俄国借口中国不答应他的要求，就不肯退兵，彼此拖了许多日子。那中国的人见俄国按兵不动，又歌舞太平起来，越发说瓜分的话是假的了。那知俄国暗地里增兵，并且还放一个极东大总督驻扎在东三省，他的权柄，几乎同俄皇一样大小。俄皇又亲到德国，与德皇联盟，法国也和俄国联盟，彼此相约瓜分中国。英、美两国看见德、法都从了俄国，也就不和日本联盟，都想学俄国的样儿。日本势孤无助，不得不与俄国协商，满洲归俄国，高丽归日本，各行各事，两不相管。俄国到此没有别国掣他的肘了，就大摇大摆起来。到了光绪二十九年八月二十八日（1903 年 10 月 18 日）第一〔第三〕撤兵的期，又违约不退。兵丁从俄国调来的，前后共有十余万，在九月中旬，派兵一千名把盛京省城奉天府占了，把盛京将军增祺囚了，各项衙门及电报局尽派俄兵驻守，东三省大小官员限一月内出境，每人只给洋银一百元，逐家挨户都要挂俄国的旗，各处的团练都要把军器缴出，大车装运的俄国兵每日有数千。于是俄国第一个倡瓜分中国，各国都画了押，只等动手。那知俄国贪心不足，又想占高丽（即朝鲜）北方，日本不答应，为着此事商议了几次。俄国恃他的国大于日本五十倍，兵多十倍，没有日本在眼，丝毫不肯让。日本忍无可忍，于去年十二月下旬，遂与俄国开战。照理讲起来，俄国占了中国的东三省，中国应当和俄国交战，日本不过是傍边的人。谁知他二国开战，中国倒谨守中立，说此事与中国不相干。呵呵，日、俄两国，不着什么事开战？开战的地方在那个地方？这也可算得中立吗？日本把俄国的海军打得不亦乐乎，俄国在东洋的兵船总共只有二十余只，被日本打沉大半。最大的铁甲船长七十余丈，甲厚二尺，船上的大炮十余万斤一个，一只的价钱多的要一千五百万元，通十八省的钱粮，只能做得二只。这样贵重的船，日本放一个水雷就打坏了。俄国海军所失了的一万万开外，有名的海军提督也被日本打死。近日旅顺口也被日本冒死连塞三次，遂把港口塞住，俄国在旅顺的兵船，通同不能出港。俄国陆军又屡次大败，九连城、凤凰城、盖

猛回头·警世钟

平、金州皆为日本所据。日俄战事不了，各国也就把瓜分中国的事暂且搁在一边，等日、俄战事定局，再来大发作。但俄国战日本不赢，遂想从中国出气，向各国说道，日本一个小小的国，学我们的样子，仅仅三十年就这样了不得；中国诺大的地方，倘不在此时切实瓜分了他，等他日后也变起法来，还了得吗？那时我们白人（欧美各国皆白色，称白人）一定要吃黄人（中国同日本皆黄色种，称黄人）的亏（元太祖灭国六十，俄罗斯等国也被元所灭，欧洲常常有黄人祸之语，义和团起事之后，越发讲得很，皆说此时若不灭尽黄人，异日必为他白人之祸）。各国听了俄国的话，遂想即日下手了。日本《朝日新闻》报上，说俄兵十万入了蒙古，向长城内进发，法兵一万到了广西龙州，美甲兵船七号到了牛庄，英兵一面从西藏进兵，一面把兵船调到香港，德国从本国调兵到胶州、山东铁路俱已成功。列位想想，这瓜分还是真不真呢？〕

痛呀！痛呀！痛呀！你看中国地方这么样大，人口这么样多，可算是世界有一无二的国度了，那里晓得自古至今，只有外国人杀中国人的，断没有中国人杀外国人的，这是甚么缘故呢？因为中国人不晓得有本国的分别，外国人来了，只有稍为比我强些，遂拱手投降，倒帮着外国人杀本国人，全不要外国人费力。当初金鞑子、元鞑子在中国横行直走，没有一个敢挡住他。若问他国实在的人数，总计不及中国一县的人，百个捉他一个，也就捉完他了。即如清朝在满洲的时候，那八旗兵总共止有六万，若没有那吴三桂、孔有德、洪承畴一班狗奴才，带领数百万汉军，替他平定中国，那六万人中国把他当饭吃，恐怕连一餐都少哩！到后来太平天国有天下三分之二，将要成功，又有湘军三十万人，替满洲死死把太平天国打灭，双手仍把江山送还满洲，真个好蠢的东西呀！可恨外洋各国，也学那满洲以中国人杀中国人的奸计，屡次犯中国，都有中国人当他的兵，替他死战。庚子年八国联兵，我以为这次洋兵没有百万，也应该有几十万，谁知统共只有二万，其余的都是中国人。打起仗来，把中国人排在前头，各国洋兵奸淫掳掠，中国人替他引导。和局定了，各国在中国占领的地方，所练的兵丁，大半是中国人，只有将领是洋人。东三省的马贼很多，俄国尽数招抚，已有一万二三千人。这些马贼，杀人比俄兵还要凶悍些。俄国又在东三省、北京一带，招那中国读书人做他的顾问官，不要通洋文，只要汉文做得好，也有许多无耻的人去了，巴望做洪承畴一流的人物。将来英国在长江，德国在山东，日本在福建，法国在两广，一定要照俄国的样儿来办。各省的会党兵勇尽是各国的兵丁，各省的假志士、假国民尽是各国的顾问官；其余的狗奴才，如庚子北直的人，一齐插顺民旗，更不消说了。各国不要调一兵，折一矢，中国人可以自己杀尽。天呀！地呀！同胞呀！世间万国，都没有这样的贱种！有了这样的贱种，这种怎么会不灭呢！不知我中国人的心肝五脏是什么做成的，为何这样残忍？唉！真好痛心呀！

耻！耻！耻！你看堂堂中国，岂不是自古到于今四夷小国所称为天朝大国吗？为什么到于今，由头等国降为第四等国呀？外国人不骂为东方病夫，就骂为野蛮贱种，中国人到了外洋，连牛马也比不上。美国多年禁止华工上岸，今年有

· 53 ·

猛回头·警世钟

一个谭随员，无故被美国差役打死，无处伸冤。又梁钦差的兄弟，也被美国的巡捕凌辱一番，不敢作声。中国学生到美国，客店不肯收留。有一个姓孙的留学生，和美国一个学生相好，一日美国学生对孙某说道："我和你虽然相好，但是到了外面，你不可招呼我。"孙某惊问道："这话怎讲？"美国学生道："你们汉人是满洲的奴隶，满洲又是我们的奴隶，倘是我国的人知道我和做两层奴隶的人结交，我国的人一定不以人齿我了。"孙某听了这话，遂活活气死了。美国是外洋极讲公理的国，尚且如此，其余的国更可想了。欧美各国，与我不同洲的国，也不怪他。那日本不是我的同洲的国吗？甲午年以前，他待中国人和待西洋人一样。甲午年以后，就隔得远了，中国人在日本的，受他的欺侮，一言难尽哩！单讲今年日本秋季大操，各国派来看操的，就是极小的官员，也有座位，日本将官十分恭敬。中国派来看操的，就是极大的官员，也没有座位，日本将官全不理会。有某总兵受气不过，还转客栈，放声大哭。唉！列位！你看日本还把中国当个国吗？外国人待中国人，虽是如此无礼，中国的官府仍旧丝毫不恨他，撞着外国人，倒反恭恭敬敬，犹如属员见了上司一般，唯唯听命，这不是奇事么？租界虽是租了，仍是中国的地方。那知一入租界，犹如入了地狱一般，没有一点儿自由。站街的印度巡捕，好比阎罗殿前的夜叉，洋行的通事西仔，好比判官手下的小鬼，叫人通身不冷，也要毛发直竖。上海有一个外国公园，门首贴一张字道："狗和华人不准入内。"中国人比狗还要次一等哩！中国如今尚有一个国号，他们待中国已是这样；等到他瓜分中国之后，还可想得吗？各国的人也是一个人，中国的人也是一个人，为何中国人要受各国人这样欺侮呢？若说各国的人聪明些，中国的人愚蠢些，现在中国的留学生在各国留学的，他们本国人要学十余年学得成的，中国学生三四年就够了，各国的学者莫不拜服中国留学生的能干。若说各国的人多些，中国的人少些，各国的人极多的不过中国三分之一，少的没有中国十分之一。若说各国的地方大些，中国的地方小些，除了俄罗斯以外，大的不过如中国的二三省，小的不过如中国一省。若说各国富些，中国穷些，各国地面地内的物件，差不多就要用尽了，中国的五金各矿，不计其数，大半没开，并且地方很肥，出产很多。这样讲来，就应该中国居上，各国居下，只有各国怕中国的，断没有中国怕各国的。那知把中国比各国，倒相差百余级，做了他们的奴隶还不算，还要做他们的牛马；做了他们的牛马还不算，还要灭种，连牛马都做不着。世间可耻可羞的事，那有比这个还重些的吗？我们于这等事还不知耻，也就无可耻的事了。唉！伤心呀！

　　杀呀！杀呀！杀呀！于今的人，都说中国此时贫弱极了，枪炮也少得很，怎么能和外国开战呢？这话我也晓得，但是各国不来瓜分我们中国，断不能无故自己挑衅，学那义和团的举动。于今各国不由我分说，硬要瓜分我了，横也是瓜分，竖也是瓜分，与其不知不觉被他瓜分了，不如杀他几个，就是瓜分了也值得些儿。俗语说的，"赶狗逼到墙，总要回转头来咬他几口。"难道四万万人，连狗都不如吗？洋兵不来便罢，洋兵若来，奉劝各人把胆子放大，全不要怕他。读书的放了笔，耕田的放了犁耙，做生意的放了职事，做手艺的放

猛回头·警世钟

了器具，齐把刀子磨快，子药上足，同饮一杯血酒，呼的呼，喊的喊，万众直前，杀那洋鬼子，杀投降那洋鬼子的二毛子。满人若是帮助洋人杀我们，便先把贼官杀尽。"手执钢刀九十九，杀尽仇人方罢手！"我所最亲爱的同胞，我所最亲爱的同胞，向前去，杀！向前去，杀！向前去，杀！杀！杀！杀我累世的国仇，杀我新来的大敌，杀我媚外的汉奸。杀！杀！杀！

奋呀！奋呀！奋呀！于今的中国人怕洋人怕到了极步，其实洋人也是一个人，我也是一个人，我怎么要怕他？有人说洋人在中国的势力大得很，无处不有洋兵，我一起事，他便制住我了。不知我是主，他是客，他虽然来得多，总难得及我。在他以为深入我的腹地，我说他深入死地亦可以的。只要我全国皆兵，他就四面受敌，即有枪炮，也是寡不敌众。古昔夏朝有一个少康皇帝，他的天下都失了，只剩得五百人，终把天下恢复转来。又战国的时候，燕国把齐国破了，齐国的七十余城都已降了燕国，只有田单守住即墨一城，到后来终把燕国打退，七十余城又被齐国夺回。何况于今十八省完完全全，怎么就说不能敌洋人呢？就是只剩得几府几县，也是能够独立的。阿非利加洲有一个杜兰斯哇国，他的国度只有中国一府的大，他的人口只有中国一县的多，和世界第一个大国英吉利连战三年，五英国调了大兵三十万，死了一半，终不能把杜国做个怎么样。这是眼前的事，人人晓得的，难道我连杜国都不能做得吗？〔日本与俄国开战，那一个不说日本不是俄国之敌手，然而日本倒不怕俄国，妇人孺子都想从军。起先政府尚有些惧怕，人民则没有一个怕的，和俄国打起仗来，和在教场操演一般，从容得很，杀得俄国望风而逃，这就是现在的事呢。杜国和日本的人，敢把这么样小的国和这么样大的国打仗，这是何故呢？因为杜国、日本的人，人人都存个百折不回的气概，人人都愿战死疆场，不愿做别人的奴隶，所以能打三年的死仗、无前的大战。〕中国的人没有坚忍的志气，一处败了，各处就如鸟兽散了。须知各国在中国已经数十年了，中国从前一点预备都没有，枪炮又不完全，这起头几阵，一定是要败的。但败得多，阅历也多，对付各国的手段也就精了。汉高祖和楚霸王连战七十二阵，阵阵皆败，最后一胜就得天下。湘军打长毛，当初也是连打败仗，后来才转败为胜。大家都要晓得这个道理，都把精神提起，勇气鼓足，任他前头打了千百个败仗，总要再接再厉。那美国独立，也是苦战了八年才能够独立的。我如今就是要苦战八十年，也应该要支持下去。怎么要胆小！怎么要害怕！这个道理，我实在想他不透。俗语说的，"一人舍得死，万夫不敢挡。"一十八省，四万万人，都舍得死，各国纵有精兵百万，也不足畏了。各国的兵很贵重的，倘若死了几十万，他就要怕中国，不敢来了。就是他再要来，汉人多得很，死去几百万几千万也是无妨的。若是把国救住了，不上几十年，这人口又圆满了。只要我人心不死，这中国万无可亡的理。诸君！诸君！听者！听者！舍死向前去，莫愁敌不住，千斤担子肩上担，打救同胞出水火，这方算大英雄大豪杰，怎么同胞不想做呢？

快呀！快呀！快呀！我这人人笑骂个个欺凌将要亡的中国，一朝把国势弄得蒸蒸日上起来，使他一班势利鬼，不敢轻视，倒要恭维起来。见了中国的国旗，莫不肃然起敬，中国讲一句话，各国就奉为金科玉律。无论什么国，都要赞叹我中国，畏服我中国，岂非可快到极处吗？我这全无知识全无气力要死不死的人，一朝把体操操得好好儿的，身子活活泼泼，路也跑得，马也骑得，枪也打得，同着无数万相亲相爱的同胞，到了两军阵前，一字儿排开，炮声隆隆，角声呜呜，旌旗飘扬，鼓声雷动，一声喊起，如山崩潮涌一般，冲入敌阵，把敌人乱杀乱砍，割了头颅，回转营来，沽酒痛饮，岂非可快到极处吗？就是不幸受伤身死，众口交传，全国哀痛，还要铸几个铜像，立几个石碑，万古流芳，永垂不朽，岂非可快到极处吗？世间万事，惟有从军最好，我劝有血性的男儿，不可错过这个时代。照以上所说的，列位一定疑我是疯了，又一定疑我是义和团一流人物了。不是！不是！我生平是最恨义和团的。洋人也见过好多，洋国也走过几国，平日极要人学习洋务，洋人的学问，我常常称道的。但是我见那洋人心肠狠毒，中国若是被洋人瓜分了，我汉人一定不得了，所以敢说这些激烈的话，提醒大家，救我中国。但是要达到这个目的，又有十个须知。

　　第一须知这瓜分之祸，不但是亡国罢了，一定还要灭种。中国从前的亡国，算不得亡国，只算得换朝（夏、商、周、秦、唐、宋、明都是朝号，不是国号，因为是中国的人。）自己争斗。只有元朝由蒙古（就是古时的匈奴国），清朝由满洲（就是宋朝时候的金国）打进中国，这中国就算亡过二次。但是蒙古满洲的人数少得很，只有武力，胜过汉人，其余一概当不得汉人，过了几代，连武力都没有了，没有一事不将就汉人，名为他做国主，其实已被汉人所化了。所以中国国虽亡了，中国人种的澎涨力，仍旧大得很。近来洋人因为人数太多，无地安插，四处找寻地方，得了一国，不把敌国的人杀尽死尽，他总不肯停手。前日本人某，考察东三省的事情，回来向我说道："那处的汉人，受俄人的残虐，惨不可言！一日在火车上，看见车站旁边，立著个中国人，一个俄国人用鞭抽他，他又不敢哭，只用两手擦泪。再一鞭，就倒在铁路上了。却巧有一火车过来，把这人截为两段，火车上的人毫不在意。我问道：'这是甚么缘故呢？'一个中国人在旁答道：'没有什么缘故，因为俄国人醉了。'到后来也没人根究这事，这中国人就算白死了。一路上中国的人被俄人打的半死半生的，不计其数。虽是疼痛，也不敢哭，倘若哭了，不但俄国人要打他，傍边立的中国人，也都替俄国人代打。倘若打死了，死者家里也不敢哭，倘若哭了，地方官员就要当最重的罪办他，讨俄人的好。路上不许中国人两人相连而行，若有两个人连行，俄国的警察兵，必先行打死一个，恐怕一个俄国人，撞着两个中国人，要遭中国人的报复，所以预先提防。俄兵到一处，就把那处的房屋烧了，奸淫掳掠，更不消讲。界外头的汉人，不准进界，界里的汉人，不准出界。不出三年，东三省的汉人（东三省的人口共有一千六百万，有汉人十分之七），一定是没有了。将来中国瓜分之后，你们中国人真不堪设想了。"〔照日本人所说如此。到今年日、俄二国开起战来，俄人把东三省的牛马、粮食尽行抢去做他的军饷，不论男女都赶去替他修筑炮台、铁路，马贼仍叛了俄国，把俄国的铁路拆毁，俄国奈何马贼不得，多出些银钱与马贼讲和，此银钱仍从东三省的人取出。这几个月内，日、俄两国及马贼通共死不上几千人，惟有这怕死畏事的东三省人，不为俄国所杀，就要为日本、马贼所杀，总计饿死的、杀死的、奸淫死的，已有了数百万人，比他们在战场死的多一千倍。这样讲起来，岂不可怕到极处吗？试看英、美、德、法，那一个不是俄罗斯！即是日本，现在以保全中国为名，当海军得胜之后，日本议院遂把以后的结局如何施行来商议。有一个法学博士名叫冈田朝太郎的献议："东三省若归了日本，各国也不答应的，最好将东三省退还中国，开作万国公地，由中国赔日本的兵费，理民小事，中国掌理，一切兵权、财权，日本掌理。东三省地方宽得很，处处设兵，饷项太多，得不偿失，太犯不着，不如仅据守一二险要，如旅顺口、牛庄等处，里内责成中国兵替日本驻扎，用日本人做监督。如此既不取各国之忌，又可得实利，便宜极了。又中国的人，一定不可以平等相待。前回日本在台湾杀人不多，那台湾人不晓得惧怕，时时起事。此回到东三省要大杀一场，使他畏服我日本帝国，然后能把我日本帝国的人民移到东三省。"当时议院的人皆赞成此说。言保全的如此，不言保全的更不知做到什么样了。〕各国瓜分中国之后，又不能相安无事，彼此又要相争，都要中国人做他的兵了。各国的竞争没有了时，中国的死期，也没有了时。或者各国用那温和手段，假仁假义，不学俄国的残暴，那就更毒了！这是何故呢？因为各国若和俄国一样，杀人如麻，人人恐怕，互相团结，拼命死战起来，也就不怕了。只有外面和平，内里暗杀，使人不知不觉，甘心做他的顺民，这灭种就一定不免了。他不要杀你，只要把各人的生路绝了，使人不能婚娶，不能读书，由半文半野的种族，变为极野蛮的种族，再由野蛮种族，变为最下的动物。日本周报所说的中国十年灭国，百年灭种的话，不要十年，国已灭了，不要百年，这种一定要灭。列位若还不信，睁眼看看从通商以来，只有五十年，已弄得一个民穷财尽；若是各国瓜分了中国，一切矿山、铁路、轮船、电线以及种种制造，都是洋人的，中国人的家财，中国人的职业，一齐失了，还可想得吗？最上的做个买办通事，极下的连那粗重的工程都当不得，一年辛苦所得的工资，纳各国的税还不够，那里还养身家？中国的人日少一日，各国的人日多一日，中国人口全灭了，中国的地方他全得了。不在这时拼命舍死保住几块地方，世界虽然广大，只怕没有中国人住的地方了。不但中国人没有地方可以住，恐怕到后来世界上，连中国人种的影子都没有了！

第二须知各国就是瓜分了中国之后，必定仍旧留着满洲政府，压制汉人。列位，你道今日中国还是满洲政府的吗？早已是各国的了！那些财政权，铁道权，用人权，一概拱手送与洋人。洋人全不要费力，要怎么样，只要下一个号令，满洲政府就立刻奉行。中国虽说未曾瓜分，其实已经瓜分数十年了。从前不过是暗中瓜分，于今却是实行瓜分。不过在满洲政府的上，建设各国的政府，在各省督抚之上，建设各国的督抚。到那时，我们要想一举一动，各国政府就要下一个令把满洲政府，满洲政府下一道电谕把各省督抚，各省督抚下一道公文把各府州县，立刻就代各国剿除得干干净净了。"尔等食毛践土，具有天良，当此时势艰难，轻举妄动，上贻君父之忧，殊堪痛恨"的话，又要说了。我们汉人死到尽头，那满洲政府对于汉人的势力，依然还在；汉人死完了，满洲政府也就没有了。故我们要想拒洋人，只有讲革命独立，不能讲勤王。因他不要你勤王，你从何处勤哩？有人说道："中国于今不可自生内乱，使洋人得间。"这话我亦深以为然。倘若满洲政府从此励精求治，维新变法，破除满汉的意见，一切奸臣，尽行革去，一切忠贤，尽行登用，决意和各国舍死一战，我也很愿把从前的意见丢了，身家性命都不要了，同政府抵抗那各国。怎奈他拿定"宁以天下送之朋友，不以天下送之奴隶"的主见，任你口说出血来，他总是不理。自从俄国复占了东三省之后，瓜分的话，日甚一日，外国的人，都替中国害怕，人人都说中国灭种的日子到了；那里晓得自皇太后以至大小官员，日日在颐和园看戏作乐，全不动心。今年谒西陵，用银三百万，皇太后的生日，各官的贡献，比上年还要多十倍。明年皇太后七旬万寿，预备一千五百万银子做庆典。北京不破，断不肯停的。马玉崑在某洋行买洋枪三千杆，要银数万两，户部不肯出；皇太后修某宫殿，八十万银子又有了。你看这等情形，还可扶助吗？〔今年正月，驻扎各国的钦差连名电奏，说日俄开战，中国尽好于此时变法自强，等到他二国的战事终了，那就不得了，没有法可变了。皇太后见了此折大怒，丢折于地。他们钦差的话都说不准，我们还有话可说吗？〕中国自古以来，被那君臣大义的邪说所误，任凭什么昏君，把百姓害到尽头，做百姓的，总不能出来说句话。不知孟夫子说道："民为贵，社稷次之，君为轻！"君若是不好，百姓尽可另立一个。何况满洲原是外国的鞑子，盗占中国，杀去中国的人民无数，是我祖宗的大仇。如今他又将我四万万汉人尽数送入枉死城中，永做无头之鬼，尚不想个法子，脱了他的罗网，还要依他的言语，做他的死奴隶，岂是情愿绝子绝孙绝后代吗？印度亡了，印度王的王位还在；越南亡了，越南王的王位还在；只可怜印度、越南的百姓，于今好似牛马一般。那满洲政府，明知天下不是他自己的，把四万万个人，做四万万只羊，每日送几千，也做得数十年的人情。人情是满洲得了，只可怜宰杀烹割的苦楚，都是汉人受了。那些迂腐小儒，至今还说，忠君忠君，遵旨遵旨，不知和他有什么冤孽，总要把汉人害得没有种子方休！天！天！天！那项得罪了他，为何忍下这般毒手呀？

第三须知事到今日，断不能再讲预备救中国了。只有死死苦战，才能救得中国。中国的毛病，平时没有说预备，到了临危，方说预备，及事过了，又忘记了。自道光以来，每次讲和，都因从前毫没预备，措手不及，不如暂时受些委屈，等到后来预备好了，再和各国打仗。那知到了后来，另是一样的话。所以受的委屈，一次重过一次。等到今日各国要实行瓜分了，那预备仍是一点儿没有。于今还说后来再预备，不但是说说谎话罢了；就是想要预备，也无从预备了。试看俄人在东三省，把中国兵勇的枪炮，尽行追缴，不许民间设立团练，两人并行，都要治罪，还有预备可说吗？要瓜分中国，岂容你预备？你预备一分，他的势子增进一丈，我的国势堕落十丈。比如一炉火，千个人添柴添炭，一个人慢慢运水，那火能打灭吗？兵临境上，你方才讲学问，讲教育，讲开通风气，犹如得了急症，打发人往千万里之外，买滋补的药，直等到病人的尸首都烂了，买药的人，还没有回来，怎么能救急呢？为今之计，唯有不顾成败，节节打去，得寸是寸，得尺是尺，等到有了基础，再讲立国的道理。此时不把中国救住，以后莫想恢复了。满洲以五百万的野蛮种族，尚能占中国二百六十年，各国以七八万万的文明种族分占中国，怎么能恢复呢？我听多少人说，国已亡了，惟有预备瓜分以后的事。我不知他说预备何事，大约是预备做奴隶吧！此时中国虽说危急，洋兵还没深入，还没实行瓜分，等到四处有了洋兵，和俄国在东三省一般，一言一语都不能自由，纵你有天大的本领，怎么用得出呢？那就不到灭种不休了。所以要保皇的，这时候可以保了，过这时没有皇了。要革命的，这时可以革了，过了这时没有命了。一刻千金，时乎时乎不再来，我亲爱的同胞，快醒！快醒！不要再睡了！

第四须知这时多死几人，以后方能多救几人。如今的人，多说国势已不可救了，徒然多害生灵，也犯不着，不如大家就降了各国为兵。唉！照这样办法，各国一定把中国人看得极轻，以为这等贱种，任凭我如何残暴，他总不敢出来做声，一切无情无理的毒手段，都要做了出来，中国人种那就亡得成了。此时大家都死得轰轰烈烈，各国人都知道中国人不可轻视，也就不敢十分野蛮待中国人了。凡事易得到手的，决不爱惜，难得到手的，方能爱惜，这是的确的道理。你看金国把宋朝徽宗钦宗两个皇帝捉去，宋朝的百姓，不战自降。后来元世祖灭了宋朝，看见中国人容易做别人的奴隶，从没报过金国的仇，遂想把中国的人杀尽，把中国做为牧牛马的草场。耶律楚材说道："不如留了他们，以纳粮饷。"后来才免。虽因此中国人侥幸得生，但是待汉人残酷的了不得。明末的时候，各处起义兵拒满洲的，不计其数，那殉节录所载拒满的忠臣，共有三千六百个，所以清朝待汉人，比元朝好得多了。到了乾隆年间，修纂国史，把投降他的官员，如洪承畴等，尽列在贰臣传中，不放在人数上算账；明朝死难的人，都加谥号，建立祠堂，录用他的后裔。譬如强盗强奸人的妇女，一个是宁死不从，被他杀了，一个是甘心从他，到了后日，那强盗一定称奖那不从他的是贞节，骂那从他的是淫妇。那淫妇虽忍辱想从强盗终身，这强盗一定不答应，所受的磨折，比那贞节女当日被强盗一刀两段的，其苦更加万倍。那贪生怕死的人，他的下场一定和这淫妇一样。故我劝列位撞着可死的机会，这死一定不要怕。我虽死了，我的子孙，还有些利益，比那受尽无穷的耻辱，到头终不能免一死，死了更无后望的，不好得多吗？泰西的大儒，有两句格言："牺牲个人（指把一个人的利益不要），以为社会（指为公众谋利益）；牺牲现在（指把现在的眷恋丢了），以为将来（指替后人造福）。"这两句话，我愿大家常常讽诵。

第五须知种族二字，最要认得明白，分得清楚。世界有五个大洲：一个名叫亚细亚洲（又称亚洲，中国、日本、高丽、印度都在这洲），一个名叫欧罗巴洲（又称欧洲，俄、英、德、法等国都在这洲），一个名叫阿非利加洲（又称非洲，从前有数十国，现在都被欧洲各国灭了），一个名叫澳非利加洲（又称澳洲，被英国占领），以上四洲，共在东半球（地形如球，在东的称东半球，在西的称西半球）。一个名阿美利加洲（又称美洲，美利坚、墨西哥都在这洲），独在西半球。住在五洲的人，也有五种：一黄色种（又称黄种），亚洲的国，除了五印度的人（印度人也是欧洲的白色种，但年数好久了，所以面上变为黑色），皆是黄种人；二白色种（又称白种，欧洲各国的人，及现在美洲各国人，都是这种）；三红色种（美洲的土人）；四黑色种（非洲的人）；五棕色种（南洋群岛的人）。单就黄种而论，又分汉种，（始祖黄帝于四千三百余年前，自中国的西北来，战胜了蚩尤，把从前在中国的老族苗族赶走，在黄河两岸，建立国家。现在中国内部十八省的四万万人，皆是黄帝公公的子孙，号称汉种。）二苗种，（从前遍中国皆是这种人，如今只有云贵两广稍为有些。）三东胡种，（就是从前的金，现在的满洲，人口有五百万。）四蒙古种，（就是从前的元朝，现在内外蒙古，人口有二百万。）其余的种族，不必细讲。合黄种、白种、黑种、红种、棕色种的人口算起来，有一十六万万，黄种五万万余（百年前有八万万，现在减了三万万），白种八万万（百年前只五万万，现在多三万万），黑种不足二万万（百年前多一倍）红种数百万（百年前多十倍），棕色种二千余万（百年前多两倍）。五种人中，只有白种年年加多，其余四种，都年年减少。这是何故呢？因为世界万国，都被白种人灭了。（亚洲百余国，美洲数十国，非洲数十国，澳洲南洋群岛各国，都是那白色种的俄罗斯、英吉利、德意志、法兰西、奥大利、意大利、西班牙、葡萄牙、荷兰、美利坚、墨西哥、巴西、秘鲁各国的属国。只有中国和日本等数国没灭，中国若亡了，日本等国也不可保了。）这四种人不晓得把自己祖传的地方守住，甘心让与外种人，那种怎能不少呢！这种族的感情，是从胎里带来的，对于自己种族的人，一定是相亲相爱；对于以外种族的人，一定是相残相杀。自己没有父，认别人做父，一定没有像亲父的恩爱。自己没有兄弟，认别人做兄弟，一定没有像亲兄弟的和睦。譬如一份家产，自己不要，送把别人，倒向别人求衣食，这可靠得住吗？这四种人，不晓得这个道理，以为别人占了我国，也是无妨的，谁知后来就要灭种哩！所以文明各国，如有外种人要占他的国度，他宁可全种战死，决不做外种的奴隶。（西洋各国，没有一国不是这样，所以极小的国，不及中国一县，各大国都不敢灭他。日本的国民，现在力逼政府和俄国开战，那国民说道，就是战了不胜，日本人都死了，也留得一个大日本的国魂在世；不然，这时候不战，中国亡了，日本也要亡的。早迟总是一死，不如在今日死了。〔政府又说没有军饷，和俄国开不得战。日本人民皆愿身自当兵，不领粮饷。战书既下，全国开了一个大会，说国是一定要亡的，但要做如何亡法方好；人人战死，不留一个，那就是一个好法子了。所以日本预存这个心，极危险的事毫不在意。俄人把守旅顺口、九连城一带如铁桶一般，都被日本打破。一只运送船装载日本兵丁二百余人，撞着俄国的兵船要他扯白旗投降，日本兵丁皆不愿意，在甲板上放枪，俄船放一炮来，船将沉下之际，二百余人皆唱"帝国万岁"而没。通国的儿童皆穿军衣，上书"决死队"。无老无少都有必死的气概，这是何故呢？无非为着保种、保国起见，所以奋不顾身。〕日本是一个很强的国，他的人民顾及后来，还如此激昂，怎么我中国人身当灭亡地步的，倒一毫不动哩？唉，可叹！）只有中国人从来不知有种族的分别，蒙古满洲来了，

猛回头·警世钟

照例当兵纳粮，西洋人来了，也照样当兵纳粮，不要外种人
动手，自己可以杀尽。禽兽也知各顾自己的同种，中国人真
是连禽兽都不如了。俗话说得好，人不亲外姓。两姓相争，
一定是帮同姓，断没有帮外姓的。但是平常的姓，都是从一
姓分出来的，汉种是一个大姓，黄帝是一个大始祖，凡不同
汉种，不是黄帝的子孙的，统统都是外姓，断不可帮他的，
若帮了他，是不要祖宗了。你不要祖宗的人，就是畜生。

　　第六须知国家是人人有份的，万不可丝毫不管，随他怎
样的。中国的人，最可耻的，是不晓得国家与身家有密切的
关系，以为国是国，我是我，国家有难，与我何干？只要我
的身家可保，管什么国家好不好。不知身家都在国家之内，
国家不保，身家怎么能保呢？国家譬如一只船，皇帝是个舵
工，官府是船上的水手，百姓是出资本的东家，船若不好了，
不但是舵工水手要着急，东家越加要着急。倘若舵工水手不
能办事，东家一定要把这些舵工水手换了，另用一班人，才
是道理。断没有袖手旁观，不管那船的好坏，任那舵工水手
胡乱形式的道理。既我是这个国的国民，怎么可以不管国家
的好歹，任那皇帝官府胡乱行为呢？皇帝官府尽心为国，我
一定要帮他的忙，皇帝官府败坏国家，我一定不答应他，这
方算做东家的职分。古来的陋儒，不说忠国，只说忠君，那
做皇帝的，也就把国度据为他一人的私产，逼那人民忠他一
人。倘若国家当真是他一家的，我自可不必管他，但是只因
为这国家，断断是公共的产业，断断不是他做皇帝的一家的
产业。有人侵占我的国家，即是侵占我的产业，有人盗卖我
的国家，即是盗卖我的产业。人来侵占我的国家，盗卖我的

产业，都不出来拼命，这也不算是一个人了。

第七须知要拒外人，须要先学外人的长处。于今的人，都说西洋各国，富强得很，却不知道他怎么样富强的，所以虽是恨他，他的长处，倒不可以不去学他。譬如与我有仇的人家，他办的事体很好，却因为有仇，不肯学他，这仇怎么能报呢？他若是好，我要比他更好，然后才可以报得仇呢。日本国从前很恨西洋人，见了西洋人，就要杀他，有藏一部洋书的，就把他全家杀尽。到了明治初年，晓得空恨洋人不行，就变了从前的主意，一切都学西洋，连那衣服头发，都学了洋人的装束（日本从前用中国古时的装束）。从外面看起来，好像是变了洋人了，却不知他恨洋人的心，比从前还要增长几倍。所有用洋人的地方，一概改用日本人，洋人从前所得日本人的权利，一概争回来，洋人到了日本国，一点不能无礼乱为，不比在中国，可以任意胡行。这是何故呢？因为洋人的长处，日本都学到了手，国势也和洋人一样，所以不怕洋人，洋人也奈何他不得。中国和日本，正是反比例，洋人的长处一点不肯学，有说洋人学问好的，便骂他想做洋鬼子；洋人的洋烟（日本一切洋人的东西都有，只有洋烟没有），及一切没有用的东西，倒是没有不喜欢的。更有一稀奇的事，各国都只用本国的银圆钞票，不用外国的银圆钞票（日本一圆的银圆，本国不用，通行中国），自己的银圆钞票，倒难通行，这也可算保守国粹吗？平日所吃所穿所用的东西，无一不是从洋人来的，只不肯学他的制造，这等思想，真真不可思议了。有人口口说打洋人，却不讲洋人怎么打法，只想拿空拳打他，一经事到临危，空拳也要打他几下，平时却

猛回头·警世钟

不可预存这个心。即如他的枪能打三四里，一分时能发十余响，鸟枪只能打十余丈，数分时只能发一响，不学他的枪炮，能打得他倒吗？其余洋人的长处，数不胜数。他们最大的长处，大约是人人有学问（把没有学问的不当人），有公德（待同种却有公德，待外种却全无公德），知爱国（爱自己的国，决不爱他人的国），一切陆军、海军、（各国的将官，都在学堂读书二三十年，天文、地理、兵法、武艺无一不精，军人亦很有学问。）政治、工艺，无不美益求美，精益求精。这些事体，中国那一项不应该学呢？俗语道："天下无难事，只怕有心人。"若有心肯学，也很容易的。越恨他，越要学他；越学他，越能报他，不学断不能报。就是这时不能学得完备，粗浅也要学他几分，形式或者可以慢些，精神一定要学（精神指爱国，有公德，不做外种的奴隶）。要想学他，一定要开学堂，派送留学生。于今的人，多有仇恨留学生的，以为留学生多半染了洋派，喜欢说排满革命，一定是要扶助洋人的。不知外面的洋派，不甚要紧，且看他心内如何（于日本可知）。他说排满革命，也有不得已之苦衷（前已说过，不是故意要说这些奇话），想得利益。（留学生若是贪图利益，明明翰林进士的出身不要，倒要做断头的事，没有这样蠢了。至于忍耻含羞，就学仇人的国，原想习点本领，返救祖国，岂有为洋人用的理？即有此等人，也只有待他败露，任凭同胞将他捉来，千刀万剐，比常人加十倍治罪，此时却难一笔抹杀。）同胞！同胞！现在固然不是为学的时候，但这等顽固心思，到了这个时候，尚不化去，也就不好说了。

第八须知要想自强，当先去掉自己的短处。中国的人，常常自夸为文明种族，礼义之邦。从前我祖宗的时候，原是不错。但到了今日，奸盗诈伪，无所不为，一点古风也没有了。做官的只晓得贪财爱宝，带兵的只晓得贪生怕死。读书的只晓得想科名，其余一切的事都不管。上中下三等的人，天良丧尽，廉耻全无，一点知识没开，一点学问没有，迂腐固陋，信鬼信怪，男吸洋烟，女缠双足，游民成群，盗贼遍野，居处好似畜圈，行为犹如蛮人，言语无信，爱钱如命，所到之国，都骂为野蛮贱种，不准上岸，不准停留。国家被外国欺凌到极处，还是不知不觉，不知耻辱，只知自私自利。瓜分到了目前，依然欢喜歌舞。做农做工做商的，只死守着那古法，不知自出新奇，与外国竞争。无耻的人，倒要借外国人的势力，欺压本国，随便什么国来，都可做他的奴隶。一国的人，都把武艺看得极轻（俗话好铁不打钉，好汉不当兵），全不以兵事为意，外兵来了，只有束手待毙。其余各项的丑处，一言难尽，丑不可言。大家若不从此另换心肠，痛加改悔，恐怕不要洋人来灭，也要自己灭种了。

第九须知必定用文明排外，不可用野蛮排外。文明排外的办法，平日待各国的人，外面极其平和，所有教堂教士商人，尽要保护，内里却刻刻提防他。如他要占我的权利，一丝儿不能。（如他要在我的地方修铁路、买矿山，及驻扎洋兵，设立洋官等事，要侵我的权利的，都不许可。）与他开起战来，他用千万黄金请我，我决不去。他要买我粮饷食物，我决不卖。（俄国在东三省出重价向日本商民买煤，日本商民硬不卖与他。）他要我探消息，我决不肯。在两军阵前，有进无退，巴不得把他杀尽。洋兵以外的洋人，一概不伤他。洋

猛回头·警世钟

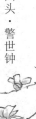

兵若是降了擒了，也不杀害。（万国公法都是这样，所以使敌人离心，不至死战。若一概杀了，他必定死战起来，没有人降了。）这是文明排外的办法。（现在排外，只能自己保住本国足了，不能灭洋人的国，日后仍旧要和，故必定要用文明排外。）野蛮排外的办法，全没有规矩宗旨，忽然聚集数千百人，焚毁几座教堂，杀几个教士教民，以及游历的洋员，通商的洋商，就算能事尽了；洋兵一到，一哄走了，割地赔款，一概不管。这是野蛮排外的办法。这两种办法，那桩好，那桩歹，不用讲了。列位若是单逞着意气，野蛮排外，也可使得。若是有爱国的心肠，这野蛮排外，断断不可行的。

第十须知这排外事业，无有了时。各国若想瓜分我国，二十岁以上的人不死尽，断不任他瓜分。万一被他瓜分了，以后的人，满了二十岁，即当起来驱逐各国。一代不能，接及十代，十代不能，接及百代，百代不能，接及千代。汉人若不建设国家，把中国全国恢复转来，这排外的事，永没有了期。有甘心做各国的奴隶，不替祖宗报仇的，生不准进祖祠，死不准进祖山，族中有权力的，可以随便将他处死。海石可枯，此心不枯，天地有尽，此恨不尽。我后辈千万不可忘了这二句话。

十个须知讲完了，又有十条奉劝。

第一奉劝做官的人，要尽忠报国。我这报国二字，不是要诸君替满洲杀害同胞，乃是要诸君替汉人保守疆土。因为国家是汉人的国家，满洲不过偶然替汉人代理。诸君所吃的俸禄，都是汉人的，自应当替汉人办事。有利于汉人的，必要尽心去办。汉人强了，满洲也无忧了。（满洲宁以天下送之外国，只恐怕汉人得势，实在糊涂极了。因为各国与满洲有甚么恩爱，各国断不肯保全满洲。）汉人不存，满洲一定要先灭。为汉人就是为满洲，专为满洲，就害了满洲（张之洞所以是满洲的罪人）。至于爱财利己，害国伤民的事，一概做不得，更不消说。我看近日做官的，又把趋奉满洲的心肠，趋奉洋人，应承洋人的旨意，比圣旨还要重些。洋人没来，已先预备做洋人的顺官，不以为耻，反以为荣。我以为诸君的计太左了。诸君的主意，不过想做官罢了，不知各国那里有官来你们做，他得了中国，一定先从诸君杀起。诸君不信，你看奉天将军增祺，从前诚心归服俄人，俄人讲一句，他就依一句，那知俄人今年再占奉天，遂把他囚了，如今生死还不能定。东三省的官员，平日趋奉俄人，无所不至，都被俄人赶逐出境，利益一点没得，徒遭千人的唾骂，有什么益处呢？我劝诸君切不可学，官大的倡独立，官小的与城共存亡，宁为种族死，不做无义生，这方算诸君的天职。

第二奉劝当兵的人，要舍生取义。列位！这当兵二字，是人生第一要尽的义务。国家既是人人有份，自应该人人保守国家的权利；要想保守国家的权利，自应该人人皆兵。所以各国都把当兵看得极重，王子也要当兵三年，其余的人更可想了。平日纪律极严，操练极勤，和外国开起战来，有进无退；就是战死了，那家也不悲伤，以为享了国家的利益，就应当担任国家的义务。至于卖国投降的人，实在少得很。不比中国把兵看得极轻，一操练没有，替满洲杀同胞，倒能杀得几个，替同胞杀洋兵，就没有用了。听说洋人口粮多些，那心中跃跃欲动，就想吃洋人的粮，甘心为国捐躯的，很少很少。如今中国的兵都是这样，怎么不亡呢？汉种的存亡，都在诸君身上，诸君死一个，汉人就得救千个，诸君怎么惜一人的命，置千个同胞不救呢？人生终有一死，只要死得磊落光明，救同胞而死，何等磊落！何等光明！千古莫不敬重大宋的岳爷，无非因他能替同胞杀鞑子。诸君若能替同胞杀鬼子，就是死了，后人也是一样敬重，怎的不好呢？

第三奉劝世家贵族，毁家纾难。世家贵族，受国家的利益，较常人多些，国家亡了，所受的惨，也要较常人重些。明朝李闯王将到北京的时候，崇祯皇帝叫那世家贵族，各拿家财出来助饷，各人都吝啬不肯。及李闯王破了北京，世家贵族，都受了炮烙之刑，活活烤死，家财抄没。当时若肯把少半家财拿出来助饷，北京又怎么能破？北京没有破之前，武昌有一个楚王，家资百万，张献忠李闯王兵马将到，大学士贺逢圣告老在家，亲见楚王道："人马尽有，只要大王拿出家财充饷。"楚王一金不出。张献忠到了，先把楚王一家，放在一个大竹篮内，投到江心，张两面长围，尽把武汉的人驱入大江。打入楚王府中，金银堆积如山，献忠叹道："有如此的财，不把来招兵，朱胡子真庸人了！"又有一个福王，富堪敌国，也不肯把家财助饷，被贼捉去，杀一只鹿和福王的肉（福王极肥胖）一同吃了，名叫福禄酒。后来满洲到了南京，各世爵都投降了，只想爵位依然尚在，那知满洲把各人的家财，一概查抄充公。有一个徐青山，系魏国公徐达的后代，后来流落讨饭，当了一个打板的板子手，辱没祖宗到了极处了。明末最难的是饷，倘若各世家贵族，都肯把家财拿出来，莫说一个流寇，十个流寇也不足平哩！先前以为国家坏了，家财仍旧可以保得住，谁知家财与国一齐去了，性命都是难保。虽要懊悔，也懊悔不及，真真好蠢呀！波兰国被俄、奥、德三国瓜分，俄国把波兰的贵族，尽数送至常年有雪的西伯利亚，老少共三万余口，在路死了一半。既到那处，满目荒凉，比死去的更惨万倍。庚子年联军进京，王爷、尚书被洋人捉去当奴隶拉车子，受苦不过的，往往自尽。瓜分之后，那惨酷更要再加百倍了！我看现在的世家贵族实在快活得很，不知别人或者还有生路，只这世家贵族，一定是有死无生。外国人即或不杀，本国的兵民断难饶恕你，况且外国人也是不放手的。近看庚子年，远看波兰，就可晓得了。只要把架子放下来，每年要用一万的，止用一千，所余的九千，来办公事。降心下气，和那平民党、维新党，同心合德，不分畛域，共图抵制外国，一切大祸可免，还有保国的功劳，人人还要爱戴，没有比这计更上的了。如若不然，我也不能替诸君设想了。

第四奉劝读书士子，明是会说，必要会行。我看近来的言论，发达到了极处，民权革命，平等自由，几成了口头禅。又有甚么民族主义，保皇主义，立宪主义，无不各抒伟议，都有理信可执，但总没有人实行过。自瓜分的信确了之后，连那议论都没有人发了，所谓爱国党，留学生，影子都不见了。从偏僻之处，寻出一二个，问他何不奔赴内地，实行平日所抱的主义？答道："我现在没有学问，没有资格，回去不能办一点事。"问他这学问资格何时有呢？答道："最迟十年，早则五六年。"问这瓜分之期何日到？答道："远则一年，近则一月。"呵呵！当他高谈阔论的时候，怎么不计及没有学问，没有资格？到了要实行的时节，就说没有学问，没有资格。等到你有了学问，资格的时候，中国早已亡了。难道要你回去开追悼会不成？这学问资格，非是生来就有的，历练得多，也可长进。试看日本当年倾幕的志士，有什么学问资格，只凭热心去做，若没有这等热心，中国从前也曾有有学问有资格的人，可曾办出什么事来？所谓瓜分之后，也要讲学问，是为瓜分以后的人说话，不是为现在的人说话。若现在的人不多流些血，力救中国不瓜分，只空口说说白话，要使后来的人在数百年之后，讲民族，讲恢复，那个肯信。只有现在舍死做几次，实在无可如何了，那后辈或者体谅前辈的心事，接踵继起，断没有自己不肯死，能使人死的。那诸葛武侯《出师表》上，所谓"汉贼不两立，王业不偏安"，"汉不伐贼，王业亦亡；与其坐以待亡，不如伐之"，又谓"鞠躬尽瘁，死而后已。至于成败利钝，非所逆睹"的话，我们应该常常讽诵。有人谓大家都死了，这国一亡之后，遂没有人布文明种子了。这话我也以为然。但总要有一半开通人先死，倘若大家都想布文明种子，一个不肯死，这便不是文明种子，乃是奴隶种子了！布文明种子的人，自有人做。人所不为的，我便当先做，这方算是真读书人。

第五劝富的舍钱。〔日本自开战以来，国人捐助军饷已有数万万元，多的数百万，少的三十文。有极贫的小孩，在学堂屡次取超等得赏银二元，也献出充军饷。救助军人家室随处皆是。贫民如是，富户更不用说了。〕世间之上，最能做事业，最能得名誉的，莫过于家富的人。盖没有资本的人，随便做什么事，都是力不从心。譬如现在要拒洋人，枪炮少得很，如能独捐巨款买枪炮千枝万枝；或因军饷不足，助军饷捐，那功劳比什么人都大几倍。其余开办学堂，印送新书，以及演说会、体育会、禁缠足会、戒洋烟会、警察团练等事，都是没钱不办，有能出钱办的，其功德大得很。更有不要助捐，于自己有重息，于国家有大利的一桩事，如集资设立公司，修设轮船、铁路、电线，及各种机器局、制造局、采炼各矿，这些事体，多有大利可得，为何不办呢？把银钱坐收在家，真是可惜。把这些钱会用了，就能取名得誉；不会用了，就能招灾惹祸。你看自古换朝的时候，受尽苦楚的不是那富户吗？《扬州十日记》上所载，满兵将到扬州，那些富户一文钱不肯出；及城破了，争出钱买命。一队去了，一队又来，有出过万金，终不免于死的。我乡父老，相传明末的富户，被满兵捉去，把竹丝所做的大篮盘，中穿一心，戴在颈上，周围点火，要他说出金银埋在何处。尽行说出，仍旧以为不只有此数，就活活烧死。又某小说书所载："有一富翁，积金百万，不肯乱用一文，恐怕人偷去金银，四布铁菱角，因此人喊他叫做铁菱角。满兵一到，把骡马装运金银，不上半天，就干干净净。那人见一世辛苦所积，一朝去了，遂立时气死。"满洲入关的时候有什么饷？偏偏有人替他积着，早若是拿出来打满洲，满洲那里还有今日呢？犹太人会积财，只因没有国，所有的都被别人得去。英国占印度，所有富户的田租，一概充公。于今印度每年有赋税二万八千万两（中国只有赋积八千万两），三分之一，是

猛回头·警世钟

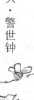

从前富户的田租。日本占台湾，有一个姓林的绅士，有数千万的家资，用他一家，也可敌住日本。私地向日本投降，献银数百万，日本一入台湾，他在台湾的产业，日本一概查抄。现在台湾的富户，尽变了穷民，新出的财主，皆是日本人了。诸君当知国保了，家财自在，国若不保，家财断不能保住的。列位此刻尚见不透，没有日子了。

第六劝穷的舍命。中国的穷民，最占多数，于是他们常常想天下之乱，以为天下乱了，这些富户，与他一样的受苦。更有不肖之辈，存一个乘浊水捉鱼的心事，不知天下乱了，富户固然吃亏，穷民也没有便宜可占。平时尚能用力挣几个钱，刀兵四起，那一个请你来做工？况且洋人占了天下，愈加了不得，他最重的是富户，最贱的是穷民。他本国的穷民，不把在人内算数，何况于所征服的敌国，一定见富者穷，穷者变牛马。我听见多少人说，洋人也要人抬轿担担，那怕没有工做，要担什么心？不争主权，只要有奴隶做。我也没有话和他说了。但是洋人一切都用机器，人工一定不要，一般穷民怎么得了。他因为本国人多，无地安插，所以远远抢占别人的土地。中国的人，住得无处安针，最多的又是穷民，不把你们害尽，叫他到那里去住？我晓得洋人初到，一定用巧言哄诱，还要施一点小恩惠，但是到了后来，方晓得他狠。试问他费了许多的金银，用了许多的心力，不是谋害你们，他为别的什么呢？他有恩惠，怎么不施在本国，来施你们？把饵钓鱼，不是把饵给鱼吃，乃是要鱼上钩；你吃了他的饵，他一定要吃你的肉。今日没有别法，洋兵若来，只有大家拼命死打。洋人打退了，再迫官府把各人的生计，想一个好法子，必定要人人足衣足食，这方是列位的道理。

第七劝新旧两党，各除意见。于今的时候，有什么新旧？新的也要爱国，旧的也要爱国，同是爱国，就没有不同之处。至于应用的方法，总以合时宜为主，万不能执拗。即有不合，彼此都要和平相商，不可挟持私见。诗经上说得好："兄弟阋于墙，外御其侮。"现在甚么时候，还可做那阋墙之事么？我有新旧之分，在洋人看起来，就没有新旧，只要是汉人，一样的下毒手。故我剖心泣血，劝列位总要把从前的意见捐除，才是好哩。

第八劝江湖朋友，改变方针。那些走江湖的，种类很多。就中哥老会、三合会、各省游勇，最占多数。想做大事，也有不少。没有志气，只想寻几个钱度日的，也有好多。这等人就是起事，也没有什么思想，不过图奸淫掳掠四字。或者借个名目，说是复明灭清，或者说是扶清灭洋。一点团体没有，上的上山，下的下水，一切事做不出来。穷而无计的时候，丧灭天良的，也就降了洋人，替洋人杀起同胞来，和东三省的马贼一样。我不怕洋人，就怕这等不知祖国只图一己的人，我实在要吃他的肉。但江湖的豪杰，一定是爱国的男儿，平生愤恨外族侵凌中国，所以结集党羽，无非是想为汉种出力，打救同胞；决不是为一人的富贵，做洋人的内应。须知做事以得人心为主。若是纪律不严，人人怨恨，这怎么能行得去呢？我起初恨各处乡团，不应该违拒太平王，后来晓得也难怪他。太平王的部下，不免骚扰民间，人心都不顺他，因此生出反对来。若太平王当日，秋毫不犯，这乡团也就不阻抗他了。所以我劝列位起事，这人民一定不可得罪的。又现在各种会党，彼此都不通。不知蚊子虽小，因为多了，那声音如雷一般。狮子最大，单独一个，也显不出威风来。各做各的，怎么行呢？一定要互相联络，此发彼应才行。我更有句话奉劝，我们内里的事情没有办好，轻举妄动，或烧教堂，或闹租界，好像请洋人来干涉，这也是犯不着。暗地组织，等到洋人实在想侵夺中国了，大家一齐俱起，照着文明排外的办法，使他无理可讲，我有理可说，不使他占半点便宜。生为汉种人，死为汉种鬼，弄到水尽山穷，终不拜那洋人的下风，这方算是大豪杰，大国民。我所望于列位的，如此如此，不知列位都以为是否？

第九，劝教民当以爱国为主。教与国不同，教可以自由奉教，国是断断不能容别人侵夺的。欧洲各国，一国之中有数教，毫不禁制。无论何教的人，都爱自己生长的国。譬如天主教皇在罗马，倘若罗马人要侵夺各国，这各国的天主教人，一定要替本国抵拒罗马人。就是教皇亲来，也是不答应的。日本国从前信奉儒教，有一个道学先生，门徒很多，一日有个门徒问先生道："我们最尊敬孔子，倘若孔子现在没死，中国把他做为大将，征讨我国，我们怎么做法呢？"先生答道："孔子是主张爱国的，我们若降了孔子，便是孔子的罪人了。只有齐心死拒，把孔子擒来，这方算得行了孔子的道。"各国的人，不阻止外国的教，所以别人的好处，能够取得到手，没有自尊自大的弊习。但是只容他行教，却不容他占本国的土地，所以国国都强盛得很。中国人有些拼命要与洋教为仇，有些一入了教，就好像变了外国人，忘记自己是中国人，反要仗着教的势力，欺侮我们中国人。不知这中国是自从祖宗以来，生长在此的，丢了祖宗，怎么可以算人呢！一入了教，还有些人平素相爱的朋友亲戚，都不要了，只认得洋人。洋人要他的国，他也允许，洋人要杀他的朋友亲戚，他也允许。唉！世间之上，那有这样的教呢？各教的书，我也读过看过，无一不说国当爱的。倘若信耶酥的道，人不要爱本国的。这真是耶酥的罪人了。我也晓得各位有因为被官府欺侮不过，所以如此的。但是中国人极多，少数人得罪了你，未必中国全数人都得罪了你，祖宗也没有亏负你，怎么受了小气，遂连祖宗都不要了。好人家请先生，不论何国都可请得的，这先生一定要敬重他。但是我这父母兄弟也是不可丢的，先生若是谋害我的家起来，我也可答应他吗？教士好比是一个先生，中国好比是我的家，教士灭我的国，怎么可应允他呢？况并不是教士，不过教士国的人呢？（各国教士不管国政）我劝列位信教是可以信的，这国是一定要爱的。

第十，劝妇女必定也要想救国。中国人四万万，妇女居了一半，亡国的惨祸，女子和男子一样，一齐都要受的。那救国的责任，也应和男子一样，一定要担任的。中国素来重男卑女，妇女都缠了双足，死处闺中，一点学问没有，那里晓得救国？但是现在是扩张女权的时候，女学堂也开了，不缠足会也立了。凡我的女同胞，急急应该把脚放了，入了女学堂，讲些学问，把救国的担子，也担在身上，替数千年的妇女吐气。你看法兰西革命不有那位罗兰夫人吗？俄罗斯虚无党的女杰，不是那位苏菲尼亚吗？就是中国从前，也有那木兰从军，秦良玉杀贼，都是女人所干的事业，为何今日女

子就不能这样呢？我看妇女们的势力，比男子还要大些，男子一举一动，大半都受女子的牵制，女子若是想救国，只要日夜耸动男子去做，男子没有不从命的。况且演坛演说，军中看病，更要女子方好。妇女救国的责任，这样儿大，我女同胞们，怎么都抛弃了责任不问呢？我的话讲到这里也讲完了，我愿我同胞呀！

醒来！醒来！快快醒来！快快醒来！不要睡的像死人一般。同胞！同胞！虽然我知道我所最亲最爱的同胞，不过从前深处黑暗，没有闻过这等道理。一经闻过，这爱国的心，一定就要发达了，这救国的事，一定就要担任了。前死后继，百折不回，我汉种一定能够建立个极完全的国家，横绝五大洲。我敢为同胞祝曰：汉种万岁！中国万岁！

——录自曹亚伯：《武昌革命真史》（前编）

狮子吼

# 楔子

看官：小子是一个最不喜欢读书的。须知道小子不喜欢读书的原故，那诗书上每每讲些兴亡事件，小子自幼生就一种痴情，好替古人担忧，讲到兴亡上，便有数日的不舒快！因为把一切书都谢绝了。终日只出外逛耍，陶泻性情。又只见飞的、走的、潜的、植的，无非是"弱肉强食"四字，忽而有，忽而灭，所接于耳，所触于目的，无一不是伤心惨目的事！又每每痛哭而返。因此不读书，也不出游，冥心独坐，万念皆灰！如是者半年。有一日，小使拿了一封信函，自外前走进来，递在小子手里。小子比时把那一封信拆开，不是别人所写，即是小子一个至好契友写来的。那时小子一喜不小，忙将信纸展在桌上。据称："前两月入山樵采，有一座石屏，拔地独立，高有数丈，忽然石破天惊，飞出一铁函来。小弟比时吓死在地，醒后拾起，牢不可破，用斧头劈开，乃是一卷残书，字已不大明显。拿归家中，用了好几日的功，才分辨出来，知是混沌人种的历史，混沌最后一个人所做。虽不能细细译出，大略却可知道。今将稿本寄呈，乞赐斧裁，以便行世，庶使世人，知以前原有混沌一族，未始非考古家之一助也"云云。小子把那寄来的书，细心一看，说距今四千五百年之前，有一混沌国，周围有了七万里，人口四万万。他们的祖先，也曾轰轰烈烈做过来，四旁各国都称他是天朝。只有一件大大的不好处：自古传下些什么忠君邪说，不问本族外族，只要屁股坐了金椅，遂尊他是皇帝。本族之中，有想恢复的，他遂自己杀起自己来，全不要外族费力。所以这一偌大的文明种族，被那旁边的小小野蛮种族侵制，也非一朝一次。最末之一朝，就是混沌国东北方，一种野蛮人，人口只有五百万，倒杀了混沌人十分之九，占领混沌国二百多年。末年又来了什么蚕食国、鲸吞国、狐媚国，都比这种野蛮又强得远，便把混沌国一块一块的割送他们。混沌人也不知不觉，随他送情。谁知这些国狠毒无比，或用强硬手段，杀人如麻；或用软和手段，全不杀人，只将混沌人的生计，一概夺尽。混沌人不能婚娶，遂渐渐的死亡尽了。兼之各国自己的教育是很好的，惟对待混沌人全不施点教育，由半文半野降为全野蛮，由全野蛮降为无知觉的下等动物。各国间开起战来，把混沌人来挡枪炮，有工程做把来当牛马。不上三百年，这种人遂全归乌有了。全书共有一百余页，读了一遍，又触动了小子以前的毛病，不觉得悲从中来！想道：这混沌国不知在今哪一块，何当日的事迹和今日的情形一一吻合也？稀奇得很！想了一回，援笔于后写了几句：

恨事有何尽？悠悠成古今。

优存劣败理，仔细去推寻。

又吟了数次，精神已倦，遂在椅上睡去了。忽见盟友华人梦，慌忙走进来说道："俄罗斯重占东三省，英国乘机派了长江总督，兵舰三十只，已入吴淞口，不日就抵江宁。"余一惊不小，同人梦走出大门，只见街上异常慌张。忽有数人翎顶军衣，手持高脚牌，上写："两江总督部堂牌示：大英督宪不日下车，此系奉谕旨允准，且只管理通商事宜，并非有碍大清主权。凡尔军民，切勿妄造谣言，致取咎戾。切切特示！"又有人说：南汇、江阴，已经起事，省城已派大兵去了。小子向华人梦说道："事已至此，只得向南汇、江阴走一遭，与我亲爱的同胞同死在一处，免得在这里同着他们当奴才。"人梦也以为然，即骑了马，跑到江阴。只见洋兵和官兵共在一块，无数万的男女，都被赶下江去。有一小队的义勇，尚在那方厮杀。正想上前帮助，义勇队已大败特败，四处奔散。一队马兵冲过来，华人梦已不知去向了。只有小子一人，跌在深沟之内，得保性命。及闻人声渐远，才敢爬上来。乃是一个深山，虎狼无数。小子比时魂飞天外，恰要走时，已被他们望见，飞奔前来。起头用空手拦挡，不料已被抓倒在地，右臂上已被咬了一口，痛入骨髓，长号一声。原来此山有一只大狮，睡了多年，因此虎狼横行；被我这一号，遂号醒来了，翻身起来大吼一声。那些虎狼，不要命的走了。山风忽起，那狮追风逐电似的，追那些虎狼去了。小子正吓的了不得，忽又听见半空之中，一派音乐，云端坐着一神人，

猛回头 · 警世钟

穿着上古衣冠，两旁侍者无数。小子素来不信那小说上仙佛之事，到此也就将信将疑，不觉倒身下拜。只见那位神人言道："吾乃汉人始祖，轩辕黄帝是也。吾子孙不幸为逆胡所制，今逆胡之数已终，光复之日期不远。汝命本当死于野兽之口，今特赐汝还阳，重睹光复盛事。"言罢把佛（即拂尘）一挥，遂不见了。转眼又不是山中，乃是一个极大的都会，街广十丈，都是白石，洁净无尘；屋宇皆是七层，十二分的华美；街上的电汽车，往来如织；半空中修着铁桥，在上行走火车，底下又穿着地洞，也有火车行走。讲不尽富贵繁华，说不尽奇丽巧妙。心中想道："这是什么地方？恐怕伦敦、巴黎，也没有这样。"又到一个大会场，大书"光复五十年纪念会"。那会场足足有了七八里，一个大门，高耸云表，匾额上写"日月光华"四字，用珍珠嵌就。又有一副对联：

> 相待何年？修种族战史；
> 不图今日，见汉官威仪。

门前两根铁旗杆，扯两面大国旗，黄缎为地，中绣一只大狮，足有二丈长，一丈六尺宽；其余各国的国旗，悬挂四面。进了大门，那熙来攘往的人民，和那高大可喜的房屋，真是天上有人间无了！左厢当中，有一座大戏台，共分三层，处处雕琢玲珑，金碧辉耀，眼都开不得了。台上的电灯，约有数百盏，又用瓦斯装成一个横匾，一副对联。匾上写的是"我武维扬"，对联云：

> 扫三百年狼穴，扬九万里狮旗，

知费几许男儿血购来，到今日才称快快；

翻二十纪舞台，光五千秋种界，

全从一部黄帝魂演出，愿同胞各自思思！

乐声忽动，帘幕揭开，无数的优伶，正在那里演戏：

小生军服佩刀上（临江仙）十万貔貅驰骋地，那堪立马幽燕！羯奴何处且流连？毡庐迷落照，狼穴锁残烟！收拾金瓯还汉胤，重瞻舜日尧天。国旗三色最庄严，乱随明月影，翻入白云边。

（鹧鸪天）铁骑纵横遍大千，当时慷慨气如船，十年龙战玄黄色，一旦鹏抟寥廓天。思往事，感流年，大江东去水涓涓，风云扫尽英雄在，休向重洋叹逝川。

小生，新中国之少年是也。门承通德，家不中赀。六尺微躯，一腔热血，愤胡儿之圂迹，伤汉族之陵夷，百计号呼，唤醒群梦，十年茹苦，造就新邦，重开汤武之天，净洗犬羊之窟。其时薄海内外，同宣独立，都解自由。增四千年历史光荣，震九万里环球观听。内修武备，外慎邦交，挫匈奴不道之师，杜回纥无厌之请，金汤永奠，锋镝潜消。到如今文明进步，几驾欧美而上之。回想当年，好不愉快！（笑指介）你看辽东千里，明月依然。那满政府二百年之威风，五百万之异类，都归何处去也？今日万国平和，闲暇无事，待我将当年勋迹，表表出来，以告天下后世之为黄帝子孙者。正是：

英勇心事循环理，留与他年做样看。（唱）

（仙吕点绛唇）锦绣中原，沧桑几变。肠千转，回首当年，天际浮云掩。（混江龙）笑处堂燕雀纷纷，颓厦闹寒暄，昨夜

猛回头·警世钟

西山雨炉，今朝南海春妍。放着他血海冤仇三百载，鬼混了汉家疆宇十余传。鱼游沸釜慢胡缠，龙潜沧海终神变。看一旦风云起陆，波浪掀天。

想当年俺一班同志对付那满洲政府的手段啊！（唱）

（油葫芦）十万横磨如电闪，一霎入幽燕。挟秋霜，挥落日，扫浮烟。烽火断神州，血浪黄河远。氄幕走狐群，落叶西风卷。一个是千年老大无双国，一个是万里驰驱第一鞭。算不了鹬蚌相持，渔父漫垂涎。

当时欧亚各国，见我辈革命军起，也有好几国想出来干涉（笑介）哈哈！入虎穴，得虎子，正我辈之素志，区区干涉，其奈我何！（唱）

（四门泥）是英雄自有英雄面，怕什么代越庖俎，还他个一矢双穿。人生一世几华年！男儿六尺谁轻贱！精金百炼，磨砺时贤，将军三箭，恢复利权。便封豕长蛇，也不过再起群龙战！

自古道能战而后能守，能守而后能和。当此竞争时代，万无舍著竞争而能立国之理。（呼介）同胞呀！同胞呀！请看我辈处此，究竟如何？（唱）

（寄生草）从今后，外交策，誓完我独立权！休教碧眼胡儿，污了庐山面，任他花县游蜂恋，还他钱血神龙变。我定要到一声霹雳走春霆，他虚掷了十年肝脑如秋扇。

你看今日三色国旗，雄飞海外，好不光耀，所谓"有志者事竟成"，古人诚不我欺也！（惊呼介）哎呀！前事不忘，后事之师。同胞，同胞！还要大家猛省则个！（唱）

（沉醉东风）你看昔日啊，黑沉沉鬼泣神潜！你看今日啊，碧澄澄璧合珠联！如此河山几变迁，而今天地恁旋转。剩多少新愁旧恨，都付与梨园菊部，点缀庄严。水晶帘卷，听声声激越，忧深思远。

（作唤醒介）同胞啊！来日方长，竞争未已。俺想二十世纪以后之舞台，必有一种不可思议之活剧发现于世。那时候，再愿我黄帝子孙，一齐登场，轰轰烈烈，现万丈光芒于世界，这才算不负俺今日之苦心了。（唱）

（尾声）英雄如许寻常见，须解道忧乐关怀判后先。伫看多少风云留与男儿演。（下）

只觉音韵悠扬，饶有别致，非同尘世之词曲。又走到右厢看看，只见挂着"共和国图书馆"的牌子，那里面的书册不知有几十万册，多是生平所没见过的。有一巨册金字标题《共和国年鉴》内称：全国大小学堂三十余万所，男女学生六千余万，陆军常备军二百万，预备兵及后备兵八百万。海军将校士卒，共一十二万，军舰总共七百余只，又有水中潜航艇及空中战艇数十只。铁路三十万里，电车铁路十万里，邮政局四万余所，轮船帆船二千万吨。各项税银每年二十八万万圆，岁出亦相等。又一大册，用黄绢包裹，表面画一狮子张口大吼之状，题曰《光复纪事本末》，共分前、后两编，总计约有三十万言。前编是言光复的事，后编是言收复国权完全独立的事。稍为翻阅，书中的大旨，已知道大半；只恨卷帙太大，一时不能看完，而又不忍舍。恰好此书有正、副二册，便将副册私藏袖中，匆匆出馆。背后一人追赶出来，大呼："速拿此偷书贼，送警察局！"前面已有警吏二人，把小子一把扭住。小子惊吓欲死，大叫"吾命休矣"！醒来原

猛回头·警世钟

来是南柯一梦。急向身边去摸，那书依然尚在，仔细读了几遍，觉得有些味道，遂因闲时，便把此书用白话演出，中间情节，只字不敢妄参。原书是篇中分章，章中分节，全是正史体裁。今既改为演义，变做章回体，以符小说定制。因原书封面上画的是狮子，所以取名《狮子吼》。欲知书中内容如何，待下分叙。

# 第一回

## 数种祸惊心惨目　述阴谋暮鼓晨钟

诗曰：

> 红种陵夷黑种休，滔天白祸亚东流；
> 黄人存续争俄倾，消息从中仔细求。

话说天下人种的原始，说来可怪得很，又确实得很。那天主教书上说："人是由上帝所造。"中国的书上说："起先的人名叫盘古。"都是荒唐的话。最可信的，就是近今西洋大学者名叫达尔文的《进化论》。他说世界起初，只有植物，后来才有动物。动物起先，又只有最愚蠢最下贱的动物，渐渐变到猴子，就离人不远了。自有世界以来，已不知有了几千万年，由猴子再一变才成了人。猴子是人的祖先，人是猴子的后身。人原先也是有毛有尾，后来恼恶尾子和身上的毛，久而久之，那尾子遂不见了。西洋医生把人解剖，尻内尚留有尾子的形迹。身上的毛也渐渐细小，全然是一个人了。人以外的动物，叫做下等动物，人是中等动物，将来比人更聪明更厉害的动物出来，才是高等动物。后来的比从前的胜，古时的动物断不及今时的动物，这就叫做进化的公理。自有达尔文先生这篇《进化论》出来，世人便把尊崇古人的谬见丢了，事事都想突过前人。不上百余年，遂做出了多少惊天动地的事业，古人所万万不及，都是达尔文先生的赐了。

　　但在下有一桩疑案：人既出身在后，一定是占少数，怎么如今遍地都是人所居住，一切动物渐渐少得很，并且古书上所有的动物，灭了种的正不知好多，这是何故呢？后来看见一部《天演论》，是英国赫胥黎先生所著，说照动物发生的比例算起来，不上数百年，世界没有地方可容了。自古到今，动物只有此数，不见加多，什么缘故呢？此中有个大大的理信，叫做"物竞天择，适者生存"。动物和动物同在一个世界，遂要相争竞。相争竞，那强而智的一定胜，弱而愚的一定败。没有人以前，愚弱的动物，已不知亡了好多；等到人出来，气力之强，虽说有不及各动物的，知识就比各动物胜多了，做出了多少机械，各动物便渐渐为人所侵害，种类日日消灭。牛马等类，归降于人，听人宰杀，毫不能自主，以至今日只有人的世界，这就是优胜劣败的确证据。在下方才明白。人既和各动物相争得了胜，一群人内又相争竞起来，弱的不敌强的，遂想联合伙伴，敌住人家；联合他人，又不如联合自己一族，于是把同祖先、同姓氏的人叫做"同种"。把那不同祖先、不同姓氏的人叫做"异种"。对于同种的人相亲相爱，对于异种的人相贼相恶，是为种族的竞争。愚弱的种族被那智强的种族所吞灭，如那下等动物被那中等动物所吞灭一般。等到今日，多的越发多了，少的越发少了。无数万种族之中，存在今日的大种族有五种，细细分开有数百种。那五种？一黄种，住在亚细亚洲。中国、日本、朝鲜（即高丽）、安南（即越南）、缅甸、暹罗，皆是此种人。文明开得最早，三四千年之前，已有各种的制度，人数在百年前有八万万，于今尚有五万万余。二白种，住在欧罗巴洲，英吉利、俄罗斯、德意志、法兰西、奥大利、西班牙、意大利、荷兰、葡萄牙，以及现在阿美利加洲各国的人，皆是此种人。文明开得不甚早，春秋时候，他们尚在野蛮时代，一切制度多有自中国传去的，如罗盘（周公做指南针，即西人的指北针），鸟枪（火炮之制，发自元朝。后元的驸马撒马儿罕据有五印度，有意大利的人投麾下为兵，盗一鸟铳去，西洋始有火器，至今日遂为无上杀人的利器），书传上都言之甚明。但到了近今二三百年，出了多少学者，发明了多少新学理：那天文学、地理学、物理学、政治学、化学、算学、汽学、重学、声学、光学，一天的精一天，所出的物件神鬼不知，真是巧夺天工，妙参造化。但这些学问，越近越好。火车、轮船、电线、电话、电灯、电气车及一切机器。极远的不过百年，极近的不过一二十年才有。这几十年的进步，真真不可思议。更加几千年，不知变成什么世界了。白种人有了这些学问，那国势蒸蒸日上，各种人的地方，都被他占了，仅仅留得中国、日本、暹罗等几国。人数百年前不上四万万，于今有了八万万，增了一倍。三黑种，住在阿非利加洲。文明至今未开，地方被白种各国瓜分，人数尚有二万万（视百年前减一半）。四棕

猛回头·警世钟

色种，住在南洋群岛。文明同黑种。明朝年间，荷兰、葡萄牙、西班牙，由西洋渐渐侵略东方（欧洲在西方称大西洋，亚洲在东方称东洋，南洋群岛在中间），分占南洋群岛，荷兰所占最多。后英国、法国也分占好几处，葡萄牙遂穿过南洋群岛占领中国广东的澳门，都是明朝的事。到了近今，南洋群岛没有寸土是土人的。白种人待土人比如人待各种动物一样，人数日见减少，不过一二千万了（百年前多三四倍）。五红种，即美洲的土人。从前此洲和东方各洲向来不相通，世人不晓得有这一块大地。也是明朝正德年间，西班牙人哥伦布奉了西班牙皇后的命，寻出此洲。白种各国的人移住那地方，土人便渐次削除，于今只有三十万人了（百年前多数十倍）。不要四十年，可以灭得尽。以上五种，都以人身颜色而分。白色种又分三大族：一阿利安种，一条顿种，一斯拉夫种。俄罗斯即是斯拉夫种的人，住在欧洲北方，先前也为元朝所征服。到了明朝，元朝的后裔虽然有些，势已小了，距今约四五百年间，才把蒙古（元的种号）尽行赶出国外，完全成了一个独立国。到了清朝康熙时代，俄国出了一个英主，名叫彼得大帝，幼年登基，亲自打扮成平人，到外国学习工艺，又聘外国人替俄国练兵，整顿一切政治。此时俄国尚小得很，西边有一个瑞典国，南边有波兰、土耳其二国，都比俄国强得多。彼得大帝把国政、兵制一齐改变，都仿照英国、法国的样子。先前俄国宽袍大袖，如东方各国一般，彼得也把来改变了，连头发、胡须都要剃除得干干净净。大兴工场，广开五金各矿，全国多设学堂。不上几年，遂国富兵强，战败瑞典国，夺取波罗的海之地，在尼洼旁创建都城，取名圣彼得堡（中国以避名为敬，外洋以称名为敬。凡器物城镇，多以有名人之名为名），面临波罗的海。波兰、土耳其都不敢当他的锋。这一位大帝野心勃勃，就想把世界各国尽归他的宇下。怎奈毛羽未丰，有志莫遂，到了临死时候，遗下一个锦囊，传示子孙，说道："日后子孙当渐次吞灭各国，先取亚细亚洲，再并吞全世界。无论何处都要归入我俄国的版图。有不奉行此策的，就不是我彼得大帝的子孙，大俄的人民"。自有这个锦囊，俄国奉为金科玉律，世世以蚕食鲸吞为事：和德国、奥国瓜分了波兰国；瑞典国被他割去三分之二；土耳其也失掉多少地方；高加索（山名）、里海一带大小的国，都被俄国灭了；又横占亚细亚洲的北方西伯利亚二万余里。中国自新疆、外蒙古、黑龙江、吉林省都与他交界。全国八千万个方里（横直一里名叫一方里），居世界陆地七份之一份（多中国一倍多，日本五十倍），人口一万万三千万名（有中国三份之一份弱，多于日本二倍），为世界第一个大国（此外惟英国和他相等。英国的属地大于本国八十倍）。俄国凡灭了一国，必大杀戮一番，十不存一；所有金帛，概行抢去，并将此国的富户乡绅、读书人士，送往常年有雪的西伯利亚安置，生死不管。留剩的也不准学本国语言文字，教门一概要用俄国的。政治之暴虐，更不用讲了。人人都称他是虎狼，没有不恼恶他的，又没有不恐怕他的。把他比为战国时候秦国，竟是一点不差。因他地近北极，一面波罗的海的海口，长半年有冰，出入不便，且到欧洲各国必越大西洋，再入地中海，路程也太远了。从俄国境内的黑海到地中海，有一条海港，宽不过数里，名叫君士但丁海峡，正是土耳其的京城

猛回头·警世钟

所在。俄国想把土耳其灭了，占了君士但丁海峡，把黑海的兵船调到地中海，乘势灭了欧洲各国。于1839年（西洋以耶苏降生之年为年号，到今年是一千九百零四年了）遂发大兵侵犯土耳其。英国、法国、意国联兵帮助土耳其，敌住俄兵，五国大战一十五年，两比死伤五十万人。到1856年，才议和息兵，禁止俄国兵船出黑海口，各国才得无事。俄国枉费了一番心力，空折了许多兵财，一无所得。猛然想起彼得大帝的遗嘱，便把方针改变，专注意东方。咸丰十一年，向中国索取黑龙江以北的地方数千里，屡次盗占的又是数千里。在海参崴修建军港，为俄国东方海军的根据地。到了1891年，即光绪十六年，西伯利亚的大铁路起工。此路由俄国旧京莫斯科，修到中国盛京省，计程共有二万余里，为世界最长的铁路。俄国本贫穷得很，从外国借了许多资本来修这一条路。工程完了之后，从莫斯科运兵，不过十日可到东三省（盛京、黑龙江、吉林为东三省，又叫做满洲），中国、朝鲜自然在他掌握之中。又出一支奇兵，由阿富汗（国名）、西藏（四川西，中国属），取英国的五印度（五印度在中国之西，佛教出于是处，乾隆年间为英国所灭），亚细亚洲必全为俄国所有了。南洋群岛不消说是俄国的。前此俄国兵船要出黑海，为英、法等所阻，此回他在东方立一个大大的海军舰队，中国既不敢阻他，各国更没有人敢阻，那统一全世界的日子，就在这一条铁路上。今日东亚（中国、日本在亚细亚之东，称做东亚）的风云，根源于彼得大帝的遗嘱，成功于西伯利亚的铁路；其最大根源，更在种族竞争上。故在下编著此书，远远从种族上说起，非是故讲闲话，乃是水寻源头的办法。当时俄人经营惨淡，目无千古，万不想再有如英、法等国阻他出黑海之事。孰知新出的一个小小岛国，虽国势的富强万万不及英、法，然而英、法要四国合做的，他偏偏要单独一个扯老虎额下的须。这一个二百余年无人敢敌的大国，公然打下了败阵。俗话所谓"小小石头，打坏大缸"，真真不错半分。要知此国为谁，且听下回分解。

# 第二回

## 大中华沉沦异种　外风潮激醒睡狮

　　话说天下五个大洲，第一个大洲就是亚细亚。亚细亚大小数十国，第一个大国，就是中华。本部一十八省，人口四万万，方里一千五百余万；连属地算之，有四千余万，居世界陆地十五分之一。气候温和，土地肥美，物产丰盈，人民俊秀。真是锦绣江山，天府上国，世界之中，有一无二。文明开得最早，与埃及、巴比伦、希腊、印度相上下。自那伏羲、神农二氏，做了文字、农具，文明渐起。到了黄帝，带领本族，由西方入居黄河一带，战胜了苗族，蚩尤氏授首，汉人的势力，渐渐澎涨。全国划分万国，那时犹是酋长时代；到了尧、舜四岳为政，已入贵族时代。自后夏、商、周，全是贵族时代，民权也很发达。无论天子、诸侯、大夫、陪臣，要想争权的，都要巴结民党。民心所归，大事可成；民心所离，立见灭亡。所以当时的学说以民为天。如所谓"天视自我民视，天听自我民听"，"民之所欲，天必从之"等话，皆言民之尊重。有得罪了民党的，比什么罪恶都大些，不曰"独夫"，即曰"民贼"，诗书记载，以警后世。春秋弑君，书"某某所弑"的，其罪在臣，言系一人的私见，非国民的公意，所以不能逃弑君之名。如书"某国弑其君某"的，其罪在君，言系国民所公杀，主手的人不过为全国国民的代表，弑君之名，不能坐他。汤放桀，武王伐纣，孟子谓"闻诛独夫纣也，不闻弑君也"即是此意。当时尤严禁华夷种族之混，于夷狄入犯中国，必深加痛恶拒绝，管仲不死子纠之难，以攘夷有功，孔子许之以仁。其余如"戎狄豺狼，不可亲也"，"非我族类，其心必异"的话，都悬为宝训，全国奉守。所以虽当时的戎狄异常猖獗，究不能大为中国之害，因缘"民族主义"，人人心中都有此四字。内里有时自相残杀，遇有夷患，便互相救助起来，恩怨不记，彼此不分。此乃前辈的特质，非后人所能及。秦始皇有焚书愚民的大罪，又有攘斥匈奴（今之蒙古）之大功。汉高祖和匈奴和亲，为中国历史上一大污点。汉武帝雄才大略，命卫青、霍去病两员大将，分路出兵，直扫匈奴巢穴，千古第一快事。又命张骞去通西域（今新疆一带），唐蒙去通西南夷（今云贵一带），南越（今两广藏南）朝鲜（今高丽）都收入了版图，中国疆土愈广，为汉族最有名誉的雄主。曹魏之时，戎狄已杂处中国。晋朝时候，遂有那五胡（匈奴、鲜卑、氐、羌、羯）倡乱，晋怀帝、晋愍帝被刘渊（匈奴种）掳去，晋元帝保守江东，从此中国分为南北两朝。南朝为晋、宋、齐、梁、陈五代，汉人正统。北朝则先为五胡十六国，忽兴忽灭，后并为北魏，不久又分

猛回头·警世钟

为东、西魏。东魏为高氏所灭，改称北齐。西魏为宇文氏所灭，改称周国，皆夷狄僭主。自南、北两朝之分，至此已有了三百多年。汉人为那些犬羊所杀害的，不知凡几。北魏侵犯南朝时，赤地千里，春间燕子，没有人家可归，都在空林结巢。这也不过略举一件。隋文帝承了宇文周，又南灭陈，南北一统，汉人仍掌山河。虽然没有别项功业，这一项功也不小。唐太宗虽能扫灭突厥、沙陀，但不久即有回纥、吐蕃为唐大害。五代只朱梁是汉人，李唐、石晋、刘汉，皆系犬羊杂种，冒名入主中国。宋朝先有契丹、西夏，屡次侵犯天朝，每年要纳他的岁币。后来金国灭了契丹，乘势占了中国北方，把徽宗、钦宗捉到五国城，宋高宗即位临安，是为南宋。秦桧主和，称金为大皇帝，自己称臣称侄，四时请安进贡。后来金为元朝所灭，又照事金的礼事元。到了元世祖，命张宏范带领蒙古汉人灭宋。从前中国土地为夷狄所割据的，合计约有六七百年，总没有被他一统过，到了元朝，中国才为外国一统。那些理学名儒，如许衡、吴澄辈，皆俯首称臣。只有文天祥、张世杰、陆秀夫、谢叠山不肯臣元，都死了节。九十年之中，虽有些英雄豪杰起事恢复，被那些儒生拿着君臣大义视为盗贼，立刻替元朝平息了。直待朱元璋起义，把胡元仍赶到塞外，中国才再为汉人所有。然胡元的后裔，复号蒙古，屡犯中国。土木之变，英宗又为也先拥去，二百余年未得安息。用六十万大兵，镇守九边，竭力防御，每年所赐俸币一百余万。不表明朝与蒙古的事，且说金国本号女真，在今吉林省，人口初只有数千；后来灭辽（即契丹）侵宋，遂强大了，所占中国的地，有今直隶、河南、山东、山西、陕西、甘肃。恐怕汉人不受节制，每十户放一明安，百户放一穆安，约如现在千、把总职，惟女真人可做。管下的汉人，所有财产钱钞，随他需索，甚至妇女亦听他奸淫，汉人一句话都不敢讲。还有好多拍他马屁的，首告某家要造反，即来把全家诛灭，家产归为私有，弄得十室九空，怨声载道。等到女真为蒙古所败，不约而同，所有分在各处的明安、穆安，一夜杀尽。女真人在中国的，几乎绝种，留得少数，逃往本家，零星分住，不成为国。到了明朝，中间休养生息，又成了几个部落。宁古塔部长觉昌安最强，到明朝进贡请封，受封为龙虎将军，年俸八百两。后觉昌安与子塑克世为邻部尼堪外兰所杀，塑克世的子弩〔努〕尔哈齐〔亦〕以报仇为名，收祖父遗甲一十三副，袭杀尼堪外兰，乘机并吞四旁各部，国号满洲，僭称大号，侵犯中国边界。弩〔努〕尔哈齐〔亦〕死后，子皇太极袭继，越发强盛，改国号为大清，把所有的兵编为八旗。明朝的兵官孔有德、耿仲明，带领部下叛投满洲，后又征服了内蒙古，于是他的兵有满洲、蒙古、汉军三项名目。嗣后打起中国来，即把汉军作为先锋，再有降他的也编为汉军，异常骁勇。明朝调了天下的兵马征讨满洲，只是胜的少，败的多。一连数十年，中国所提防的，惟有满洲，加抽田粮，来充辽饷，弄得中国民穷财尽，盗贼蜂起。后辽东（今盛京省）又为满洲所得，中国只以山海关为隔绝满洲的重镇，命吴三桂带兵驻守。李自成破了北京，崇祯帝煤山崩驾，三桂到满洲颁兵。时皇太极已死，子福临袭位，年仅六岁，叔父多尔衮摄政，文有范文程、洪承畴，武有孔有德、祖大寿与多尔衮等，日日谋算中国，满口接应，令三桂带领

猛回头·警世钟

所部先发，大兵后来。满兵未到，三桂已把自成打败。自成烧京远走，三桂追赶一阵。比及回兵，满洲已乘虚占了京城，登了宝位，国号仍为大清，改元顺治，封吴三桂为平西王，孔有德为定南王，耿仲明为靖南王，尚可喜为平南王，范文程、洪承畴皆为大学士，把离京横直五百里之地，分给带来的旗人；各王公将校，又乘势在外占领田庄，收没妇女。旗兵四出掳掠，周围数千里，牲畜、财帛如洗，人烟绝尽。然满洲仅占得西北几省，东南各省仍为明朝所有。南京官民，拥立福王登基，大学士史可法督师驻守扬州，差人到满洲修好讲和，剖分南、北。哪知满洲贪心不足，必要全得明朝的江山，返回书币，即命洪承畴为经略。亲王、贝勒分统大兵，汉兵在前，满兵在后，命人传"留发不留头，留头不留发"的上谕，有不忍学鞑子模样的，预先自尽。也有满洲未来，便先薙了以求幸免的。有一个女士，看见这等奴性，不觉有感于心，做了一首七言绝句：

> 惊传县吏点名频，一一分明汉语真；
> 世上无如男子好，看他辫发也骄人。

也可知当时的人心了。但满洲遇着有子女玉帛的，不管薙发不薙发，总不能免。所过之处，鸡犬不留。将近扬州，可法带兵御敌，大败而归，入城保守。不数日城破，可法拔刀自到。满兵入城，焚杀十日，方才停刀。扬州为南北冲衢，非常繁盛，经此浩劫，到今日尚没复原。有当时一个遗民，于万死一生之中逃出性命，做了一本《扬州十日记》，叙述杀戮之惨，今摘录数段于下：

（前略）四月二十五日，北兵入城。扬州人设案焚香，示不敢抗。北兵（指满兵）逐户索金，有献出万金而仍不免者。（中略）延至夜静，城中四周火起，近者十余处，远者不计其数，赤光相映如霞电，霹雳声轰耳不绝，隐又闻击楚声，哀风凄切，惨不可状！（中略）诸点卒恐避匿者多，给众人以安民符节（令旗也）匿者竟出从之，共集至五六十，妇女参半。三满卒领之，一卒提刀前导，一卒横槊后逐，一卒居中，或左或右，以防逃逸。数十人如驱牛羊，稍不前即加捶挞，或即杀之，诸妇女散发露足，深入泥中，长索系颈，累累如贯珠，一步一跌，遍身泥土。满地皆婴儿，或衬马蹄，或藉人足，肝脑涂地，泣声盈野。行过一沟一池，堆尸贮积，手足相枕，血入水碧赭化为五色，塘为之平。（中略）至三卒巢穴，一中年制衣妇，本府人，浓抹丽妆，鲜衣华饰，指挥言笑，欣然有得色。每遇好物，即向卒乞取，曲尽媚态，不以为耻。卒尝谓人曰："我辈征高丽，掳妇女数万人，无一失节者。何堂堂中国，无耻至此！"三卒将妇女尽解湿衣。诸妇女因威逼不已，遂至裸体不能掩盖，羞涩欲死。换衣毕，乃拥诸妇女，饮酒食肉，无所不为，不顾廉耻。一卒忽横刀跃起，疾呼向后曰："蛮子来！"（满人称汉人为蛮子）被执男子共五十余人，提刀一呼，魂魄皆丧，无一人敢动者。（中略）街前每数骑过，必有数十男妇，哀号随其后。是日虽不雨，亦无日色，不知旦暮。惟闻人声悲泣，街中人首相枕藉。（中略）外复四面火起，倍于昨夕。田中横尸交砌，喘息犹存。遥见何家坟中，树木阴森，哭声成籁。或父呼子，或夫

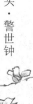

觅妻，呱呱之声，草畔溪间，比比皆是，惨不忍闻！（中略）二十七日，妇引予避一枢后，魂少定而杀声逼至。刀环响处，怆呼乱起，齐声乞命者，或数十人，或百余人。遇一卒至，南人不论多寡，皆垂首匍伏，引颈受刃，无一敢逃者。至于纷纷子女，百口交啼，哀鸣动地，更无论矣。至午后，积尸如山，杀掠更甚。（中略）忽有十数卒恫喝而来，其势甚凶，俄见一人至枢前，以长竿搠予足。予惊而出，乃扬人为彼向导者。予向之乞怜，且献以金，乃释予而去。（中略）城中忽有烈火四起，一二漏网者，无不奔窜自出。出则遇害，百无一免。亦有阖户焚死者，由数口至百口，一室之中，正不知积骨多少。大约此际无处可避，亦不能避，避则或一犯之，无金死，有金亦死。惟出露道旁，与尸骸杂处，生死反未可知。满城光如电闪，声如山崩，风势怒号，赤日渗淡，为之无光。目前如见无数夜叉，驱杀千百地狱人，惊悸之余，时作昏聩。（中略）五月初二日，谕各寺院焚化积尸，查焚尸簿，载数共八十余万人。其落井投河，闭门焚缢者不与焉，被掳者不与焉。初四日，死尸处处焚烧，腥闻数十里。初五日，幽僻之人，稍出来，相逢各泪下，不能出一语。余初被难时，全家共八人，今仅存三人。（下略）

　　照这篇上所言，满洲人残杀汉人的事迹，也写出一二来了。但中国一千三百余州县，那一城不是扬州！《嘉定屠城记》说满洲屠城凡屠过三次，所叙满人的残酷，与《扬州十日记》不相上下，其余各处可想，只是不曾有人做记，不得其详罢了。据老辈所传：凡满兵所到的地方，过了数十年，田还没有人耕种，这也可补传记之所不及了。扬州的败报到了南京，福王便先走了，百官尽散。等到满兵临江，勋臣官师人等焚香迎接满兵进城，福王也为人送到，随即遇害。只一乞丐题诗于桥，跳入河而死。诗道：

三百年来养士朝，如何文武尽皆逃？
纲常留在卑田院，乞丐羞留命一条！

后满洲的统帅下令，凡在明的世爵职官及富户之家产，一概查抄入官。有魏国公徐青山，系徐达子孙，因家被抄，至流落为乞丐，替人到官打板子，此是后话不表。满洲虽得了南京，各处的义兵四起。江阴有一个典史姓阎名应元，纠集民兵固守八十一日，满洲死了一王二贝勒，折了十余万大兵，才把江阴打破。城中男女老弱，都在屋上丢瓦抛石，满兵又死了七千。全城尽死，没有一个投降的。此外浙江拥立了唐王，江西立一个忠诚社，各人自带粮草入社的共有三万人，都编成军队抵御满洲。其余各省的义勇，风起水涌。未及一年，唐王又败死。唐王驾下大将郑芝龙，投降满洲。芝龙之子成功，谏父不听，别自去了，后来在金、厦二岛，与满洲血战多年，开辟台湾，受封延平郡王，奉明正朔，满洲不敢过问。传国三世，至康熙廿二年，才为满洲所并。后话不叙，且说唐王死后，各处义兵亦多败散。桂王又为臣民所拥立，时势已不可为，支持七八年之久，忠臣义士，多半败死，国土全失，走往缅甸国。吴三桂为满洲统兵，逼缅甸将桂王献出，即在军前缢死，时满洲顺治十八年也。查点户口，只有二千余万。次年即康熙元年，中国没有一处不是满洲所

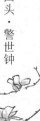

猛回头·警世钟

管辖。看见女真因为分散，致被汉人所杀，把带来中国的数百万满洲人，一半驻在北京，号称"禁军"！一半驻各省，号称"驻防"。皆另居一城，不农不工，不商不贾，由汉人供给。从各省掳来的人口，共有数百万，分发旗兵为奴，牛马都比不上。受苦不过的私自逃走，匿留一晚，即坐重罪，往往因一个逃丁，株连了千余家。这些人再也不敢走了，只有自尽一法。自尽者每年有数万人。凡从着三藩起兵的子孙，发往军台，永世不准应考。朝中各官，满汉平分，重要的职任，都是满人执掌。《大清律》上，凡汉人娶满洲人为妻，及奸淫满洲人，照奴犯主的罪，分明是以汉人为满洲人的奴了。满洲僭坐中国二百零五年的时候，道光帝崩驾，咸丰帝登基，国运已经不好了。外间有西洋各国，势〔力〕强大得很，屡次来起冲突。内里又有一个西宫那拉氏，是广东驻防旗兵之女，幼年父母双亡，卖与人家为婢；后咸丰帝拣选秀女，遂入宫廷。生得有沉鱼落雁之容，闭月羞花之貌，妒似吕后，才如则天，凡书一览不忘，咸丰帝爱幸无比，封为西宫，生有一子。然晓得他心里不正，日后必定乱国，将死的时候，对正宫说道："你是朕的正宫，自然这朝中事件为你所执掌。这西宫是一个淫妇，才具又长，恐怕你不能制他。朕又没有别子，不能不立他的子。朕欲仿汉武帝杀钩弋夫人的故事。"（汉武帝妃钩弋夫人生了昭帝，恐他后日因母以子贵执掌朝权，再如吕后一样，先赐钩弋夫人的死，然后立昭帝为太子，是为杀母立子。）即传那拉氏至前赐死。那拉氏痛哭乞命。正宫亦跪在地下，代那拉氏说道："汉武帝不是一个圣主，所做的事，怎么可学？万岁既要立他的子，为何反要杀了他？于情理不合，务求万岁开恩。"咸丰帝叹了一口气，叫那拉氏退出。因做了一道锦囊，交与正宫道："朕死之后，若那拉氏有不妥当之事，你即传集王公大臣，把朕的锦囊拆开，将那拉氏处死。内有朕的御押御印，可以为凭。"正宫收了，咸丰帝即崩了驾。新主登基，尊正宫为慈安太后，生母那拉氏为慈禧太后。照先帝的遗诏，只有正宫可以临朝。那拉氏曲意奉承正宫，正宫喜了他，竟扯他一同临朝。那知那拉氏遂渐渐揽起权来，全不以正宫为意。一日，那拉氏称说有病，正宫往西宫看他，不是得病，是新生了一个孩子。正宫回宫，大哭了一场，口说："有何面目见先帝于地下！"忽然想起先帝传下的锦囊，打点上朝，传齐文武百官，照先帝的遗诏行事。忽又回转念头，传那拉氏至宫，戒饬了一番，又把锦囊示他，说道："你如不改，我即如此。"那拉氏连忙跪倒在地痛哭，连称"此后不敢"。正宫本是一个没有主见、心慈的妇人，见他如此告哀，即道："只要妹妹以后谨慎，以前〔的事〕我也不追究了。"即对那拉氏把锦囊焚了。那拉氏磕了好多个头，做出那感激不尽的样子，才回自己宫中。过了数日，差一个心腹的宫女，送一碗面食到正宫说："娘娘感激老佛爷了不得，亲手做了这一碗面食，请老佛爷尝尝。"正宫以为他是真意，即吃了，不久腹内遂痛起来，命人往外传太医院的御医还没赶到，遂呜呼哀哉了。从此大权尽归他所掌领。但同治帝长大以后，也很英明。同治皇后也与他不合。那拉氏性酷爱看戏，养了几套名班，所唱的无非那伤风败俗的戏。一日唱那烤火、买胭脂二出，同治皇后看了拂袖而起，回得宫来，对同治帝说道："宫中事情，你也要管一管，太不像样了。"

猛回头·警世钟

那拉氏看同治皇后去后，也起身追来，在窗外窃听，走进来把同治皇后一连几个巴掌，骂道："贱人，你要离间我母子不成！"恨恨而去。因此母子之间，有些不对。同治帝忧愤成疾，没有太子。皇后说道："病已到此，皇上要早定大计，立那一个做太子？"同治帝正执笔要写，那拉氏忙走进来说道："你病势到了这样，还写得字不成？"要来抢笔。同治帝说了一声"该死！"把笔丢在地下，遂归了天。看官，你道那拉氏怎么不要同治帝立太子？看官谅不知道，因为同治帝若有了后，同治皇后反做了皇太后，她倒做了太皇太后，事情干预不得，所以不准同治帝立后，却为咸丰帝抚养了一个儿子，是为光绪帝，年才五岁。同治皇后不久即死，至于何以死的，外人也不能十分明白。从此那拉氏越无法无天的闹，修筑颐和园，约费了数万万银子。太监李莲英，先前是一个乞丐，又做过皮匠，所以人称他做皮小李。那拉氏喜欢梳头，那些太监皆不中意，惟有李莲英梳得最好，貌又生得美，大加宠信，弄权受贿，无所不为；除了那拉氏，就算头一个有权的。光绪帝不过是一木做的傀儡，威势远不及他，朝中各官；争拜他的门下。内政不修，外交自不得手。外洋的势力，日大一日；中国的国威，日损一日。那拉氏只管敲集天下的钱财，行她的快乐，那里有闲心管这些事！光绪十年，法国灭了越南国。十一年，英国又灭了缅甸国，都是中国的属国。及至二十年，日本又要占朝鲜国，中国连打败仗。到了二十一年，命李鸿章到日本讲和，割辽东七城（即盛京省）及台湾一省，〔赔〕兵费二万万两与日本。后俄国因辽东与他西伯利亚相近，有〔妨〕他的进取，强逼日本把辽东退还中国，又命中国再出银三千万两，送与日本，做为辽东赎价。俄国因此示恩于中国，从中国租借旅顺、大连湾。德国先租借了山东的胶州湾；英国也租借山东的威海卫；法国租借广东的广州湾。各国又从中国索得各省的铁路权、矿权、航权、制造权，中国人民的生命没有一件不为所制。一十八省，分归各国的势力范围内。光绪帝虽是柔懦，制于那拉氏之手，不能有所作为，但到了这个时候，也晓得旧法万不可行，必要变法自强，才不致为各国所分割。怎奈满朝大臣，都是昏庸得很，一味守旧。光绪帝不得已，于戊戌岁擢用康有为（广东南海县人）、谭嗣同（湖南浏阳县人）、梁启超（广东新会县人，康有为门生）一班新进，锐意变法。哪知康有为是好功名的人，想自己一人一步登天，做个维新的元勋，因此就要排斥谭嗣同等。于是想出一个计策，在光绪帝面前扯谎，说那拉氏要废光绪帝。他的意思，以为光绪帝命他保护，岂不得了一场大功了吗？那时果然光绪帝命康有为设法搭救，康有为无法，就向袁世凯借兵，围颐和园。又谁知袁世凯有些害怕，反将康有为计泄露，被那拉氏知道。那拉氏勃然大怒，于八月初六日，从颐和园返转紫禁城，把光绪帝囚禁于南海子（池名），将一般新党谭嗣同、杨深秀、杨锐、刘光第、林旭、康广仁等六个人斩首。单有康有为、梁启超二人为人机巧，逃往外国，组织一个保皇会，痛诋那拉氏。那拉氏恨不过，向各国索交康、梁二犯，各国简直不理他。因康、梁是光绪帝用的，又要废光绪帝，立端郡王之子溥儁为同治帝的后，各国也不承认这事。为着此二事，那拉氏及端王遂有仇恨洋人之意。到了庚子年，山东、直隶等处，有义和拳滋事。

猛回头·警世钟

这义和拳专与天主、耶苏教为仇，称有邪术，能使敌人枪炮不能及身。那拉氏大喜，命他们的大师兄带领拳众，往攻各国的公使馆。攻了数月，不特没有打破，自己反死了好多。各国联兵问罪，直抵北京，那拉氏同着光绪帝，逃往西安。初出京的时候，一件行李没带，数日没有饭吃，真是苦楚异常。后命李鸿章为议和全权大臣，认各国的赔款四万五千万两，分作三十九年偿完，本息共九万八千万两；并将沿海的炮台拆毁，京师驻扎各国的护兵；其余并许各国在中国得多少的利益。到了次年十月，由西安回銮，沿途供张十分充足，竟比康熙、乾隆朝之南巡盛典更加热闹。自西安到京城，开销经费二千二百余万。重修颐和园，比从前越发华美，又把五百万两银子起造佛照楼。各位大臣每日在颐和园赏准〔花〕看戏，正是"亡家败国君休问，终日笙歌入耳来"。不说朝中之事，且说中国的国民，经此几番风潮，浓梦也惊醒了一些，出洋留学的日见其多。东南海中，一个小岛，产生几位豪杰，后日竟把中国光复转来，变成第一等强国。要知此岛为谁？且待下回分解。

# 第三回

# 民权村始祖垂训　聚英馆老儒讲书

话说浙江沿海有一个小岛，名叫舟山，周围不满三百里。明末忠臣张煌言奉监国鲁王驻守此地，鏖战多载，屡破清兵；后为满洲所执，百方说降，坚不肯屈，孤忠大节，和文天祥、张世杰等先后垂辉。那舟山于地理上，也就很有名誉，和广东的崖山（宋陆秀夫负少帝投海殉国于此）同为汉人亡国的一大纪念。那舟山西南有一个大村，名叫民权村。讲到那村的布置，真是世外的桃源，文明的雏本，竟与祖国截然两个模样。把以前的中国和他比起来，真是俗话所谓"叫化子比神仙"了。该村烟户共有三千多家，内中的大姓就是姓孙，除了此姓之外，别姓的人不过十分中之一二。有议事厅，有医院，有警察局，有邮政局；公园，图书馆，体育会，无不具备。蒙养学堂，中学堂，女学堂，工艺学堂，共十余所。此外有两三个工厂，一个轮船公司。看官，你道当时中

猛回头·警世钟

国如此黑暗，为何这一个小小村落倒能如此？这是有个大典故的。当满洲攻打舟山之际，此村孙家有个始祖，聚集家丁子弟、族人邻里，据垣固守。满洲攻了好几次，终不能破。那老临死，把一村的人都喊到面前，嘱咐道："老朽不幸，身当乱世，险些儿一村的人都要为人家所杀。今幸大难已过，然想起当日满洲的狠毒，我还恐怕、痛恨得很。我想满洲原是我国一个属国，乘着我国有乱，盗进中原，我祖国的同胞被他所杀的十有八九。即我们舟山一个孤岛，僻处海中，也不能免他的兵锋。四五年之中，迭次侵犯我这一村。多蒙天地祖宗之灵，一村保全。然你们的祖父，你们的伯叔，你们的兄弟，已死了不少；你们的姑母姊妹，嫁在别村的，为满洲掳去，至今生死不明。这个仇恨，我已不能报了，望你们能报他。你们不能报他，你们的子孙要能报他。万一此仇竟不能报，凡此村的人，永世不许应满洲的考，不许做满洲的官。有违了此言的，即非此村的人，不许进我的祠堂。更有一句话，无事时当思着危难时候，这武艺一事，是不可丢了的。女子包脚很不便，我村不可染了这个恶习。"说完便死了。此村的人永远守着他始祖的遗言，二百余年，没有一个应考做官的。名在满洲治下，实则与独立国无异。原先仇视洋人，看见洋人就磨刀要杀。满洲道光年间，舟山为英国所占，从民权村经过，杀了此村二人。村中即鸣锣聚众，男女四五千人，器械齐全，把英兵团团围住。英兵主将得信，立即带了大兵往救，损了数百名兵丁，死了数员头目，才拔围而出。那时英兵和满洲官兵交战，没有败过一次，单单被民权村杀得弃甲丢枪，损兵折将。因此民权村的名，各国都知。

后民权村有几个名人，游历英、法、德、美各国回来，细考立国的根源，饱观文明的制度，晓得一味野蛮排外，也是不行；必先把人家的长处学到手，等到事事够与人平等，才能与人争强比弱。徒凭着一时血气，做了一次，就难做第二次，有时败下来，或不免折了兴头，不特前此的壮气全无，倒恭顺起人来。所以他们回了民权村，即把人家的好处如何如何，照现在的所为，一定不行的话，切实说了。即提议把村中公费及寺观产业开办学堂。那时反对的人十有其九。这几个人也不管众人的是非，自己拿出钱财，开了一个学堂，又时时劝人到外洋求学。那些不懂事的人，说他们"如今入了洋教，变了洋鬼子，反了始祖的命令，了不得！"带刀要刺杀他们，有几次险些儿不免。这几个依然不管，只慢慢的开导。到了数年，风气遂回转来了，出洋的也日多一日，把一个小小的村子纯仿文明国的办法，所以有这般的文明。仇满排外主义，比前越发涨了好多。

　　前事少叙，话归本传。且说民权村中有一个孙员外，孺人赵氏，中年在南洋经商，因此发迹，家财千余万，好善乐施，年已五旬，膝下尚没有嗣息。一日，孺人身怀有孕，到了临盆时期，员外因孺人老年产子，未免有些担心，请了几个产婆到家伺候。只听得"呱呱"之声，孩子已生出来了。过了三日，员外抱来细看，生得面方耳大，一望而知为不凡之器，不胜大喜！及至周岁，替他取了一个名字，叫做"念祖"，年三四岁，即聪慧异常。不到五六岁时候，看见一个小小虾蟆，被一条二尺多长的蛇吃了，不胜愤怒。他拿着一根小木棍要想打那蛇，带他的家人连忙要抱住，那里抱得住，

猛回头·警世钟

说道："我要打死他！我看不得这些事！"这家人另唤一个
人，把那蛇打死，方才甘休。是岁入了蒙养学堂，蒙养毕业，
入了村立的中学堂。这学堂的学生共有二三百人，总教习姓
文，名明种，原是江苏人氏，是一个大守旧先生，讲了多年
的汉学，所著的书有八九种，都是申明古制，提倡忠孝的宗
旨。视讲洋务者若仇，以为这些人离经叛道，用夷变夏，盛
世所不容，圣王所必诛，凡欲为孔孟之徒的，不可不鸣鼓以
攻之。做了好几篇论说，登在《经世文编》内；又拟了几个
条陈，打量请一个大员代奏，系言学堂不可兴，铁路不可修，
正学必崇，邪说必辟等事。那些守旧党都推他老先生做一个
头领，议论风生，压倒一时。文明种说一句，四处都传出去
了，那想要阻挠新政的，盗来写在奏折内一定成功。不料他
有一个得意门生，瞒了他私往日本国留学。他得了信，噪的
了不得，说等他回来，一定要将他打死。未有一年，那门生
竟然回来了，一直来见文明种。文明种一见了那个门生，暴
发如雷，那时没有刑杖在身边，顺便拿起一根撞门棍，举起
望那门生当头打去。那门生忙接住了撞门棍，禀道："请老师
息怒，待门生把话说清再打不迟。"文明种气填满了胸膛，喘
息应道："你说！你说！"那门生又道："一时不能说清，请
老师容我说六日。"文明种道："你暂且说去。"那门生遂把
近世的学说，反复说了几遍。文明种又动了几次气，不能容
了，又要起来打。那门生扯〔着〕他不放，只管说下去。渐
渐文明种的气平了，容那门生说。说到三日，文明种坐不是，
行不是，不要那门生说了。想了好几日，收拾行李，直往日
本，在某师范学堂里听了几个月的讲，又买了一些东文书看

了，那宗旨陡然大变，激烈的了不得，一刻都不能安。回转国来，逢人即要人讲新学。那些同志看见他改了节，群起而攻他。同县的八股先生打开圣庙门，祭告孔圣，出了逐条，革出名教之外。文明种不以为意，各处游说；虽有几个被他开通了的，合趣的终少。江宁高等学堂聘他当汉文教习，他以为这是一个奴隶学堂，没有好多想头。听得民权村很有自由权，因渡海过来，当了此学堂的总教习，恰好念祖入学堂的〔那〕年到的。见了念祖一班学生果然与内地不同，粗浅的普通学无人不晓。内中又有两个很好的：一个名叫绳祖，一个名叫肖祖，都是念祖的族兄弟，比念祖略小一点。绳祖为人略文弱一些，而理想最长，笔下最好。肖祖性喜武事，不甚喜欢科学。文明种把他三人另眼看待，极力鼓舞。到了次年，又有一个姓狄名必攘的来此附学。必攘住在舟山东北，离此七八十里，学问自然不及三人，却生得沉重严密，武力绝伦，十三岁时候，能举五百斤的大石。文明种也看上了他，他虽不与三人同班，文明种却使他与三人叙交，他三人也愿交必攘。四人水乳相投，犹如亲兄弟一般。文明种看见这学堂的英才济济，心满意足，替学堂取了一个别号，叫做聚英馆。又做了一首爱祖国歌，每日使学生同声唱和。歌云：……（歌文原稿已遗，故中缺）。那聚英馆的学生听了此歌，爱祖国的心，不知不觉遂生出来了。光阴似箭，转瞬已是三年有余，学生的程度水涨的相似，一天不同一天。文明种晓得这里的种已下了，再想往别处下种。传齐全堂学生，于休息日到一个大讲堂坐下。只见文明种不慌不忙，拿着数本书走上台来，向众低头行了礼。各学生群起身，向上也行了一礼，仍复坐下，寂静无声。文明种把玻璃杯的茶喝了几口，说道："鄙人无才无学，承蒙贵村的父老错举了来当这学堂的总教习，如今也有好几年了。深喜诸君的学问皆有了长进，老拙实在喜欢得了不得！目下鄙人又要离别诸君，想往别处走一走。老拙对于诸君的种种爱情，无以为赠，只好把几句话来奉告。"又喝了一口茶，咳嗽了几声，即亢声言道："诸君诸君，学问有形质上的学问，有精神上的学问。诸君切不可专在形质上的学问用功，还须要注意精神上的学问呢。"念祖起身问道："精神上的学问怎样讲的。"文明种道："不过是'国民教育'四字。换言之，即是国家主义。不论是做君的，做官的，做百姓的，都要时时刻刻以替国家出力为心，不可仅顾一己。倘若做皇帝的，做官府的，实于国家不利，做百姓的即要行那国民的权利，把那皇帝官府杀了，另建一个好好的政府，这才算尽了国民的责任。"讲到此处，内中一个学生大惊，问道："怎么皇帝都可以杀得的！不怕悖了圣人的训吗？"文明种把此人瞧了几眼，叱道："你讲什么！你在学堂里多少久了？难得这些话都亏你出得口！"众人忙答道："他不是本村的人，是从外面来附学的，到此才有几天。"文明种道："这就难怪。坐，我讲来你听。书经上'无我则后，虐我则仇'的话，不是圣人所讲的吗？孟子'民为贵，社稷次之，君为轻'的话，又不是圣人所讲的吗？一部五经四书，那里有君可虐民，民不能弑君的话？难道这些书你都没有读过吗？"那学生埋头下去，答不出话来。文明种又道："后世摘出'普天之下，莫非王土'那一句书，遂以为国家是君所专有，臣民是君的奴才。你们想一想，这句话可以说得去吗？"众人都没有出声，停了半晌，文明种又道："是必先有君，后有臣民，才可说得去；又必自盘古以来，只有他一家做皇帝，方可说得去。你们道有这些事吗？"众人都道没有这些事。文明种道："照卢骚的《民约论》讲起来，原是先有了人民，渐渐合并起来遂成了国家。比如一个公司，有股东，有总办，有司事；总办、司事，都要尽心为股东出力；司事有不是处，总办应当治他的罪；总办有亏负公司的事情，做司事的应告知股东，另换一个。倘与总办通同做弊，各股东有纠正总办、司事的权力；如股东也听他们胡为，是放弃了股东的责任，便失了做股东的资格。君与臣民的原由，就是如此，是第一项说不去了。"众人连道："是，是。"文明种又说："三代以上勿论，自秦以后，止不知有多少朝代。当着此朝，口口说要尽忠，和此朝做对敌的，痛骂为夷狄，为盗贼。及那盗贼、夷狄战胜了此朝时，那盗贼、夷狄又为了君，各人又要忠他，有再想忠前朝的，又说是乱臣贼子，大逆不道。君也，盗贼也，夷狄也，其名随时而异。是第二项又说不去了。何如以国为主，统君臣民都在内，只言忠国，不言忠君，岂不更圆满吗？"说到此处，众人都拍手。念祖起来问道："适才先生所讲的卢骚是哪一国的人？"文明种道："是法国人。当初法国暴君专制，贵族弄权，那情形和我们中国现在差不远。那老先生生出不平的心来，做了这一本《民约论》。不及数十年，法国便连革了几次命，终成了一个民主国，都是受这《民约论》的赐哩。"肖祖叹一口气道："可惜我中国还没有一个卢骚！"文明种道："有！有！明末清初，中国有一个大圣人，是孟子以后第一个人。他的学问，他的品行，

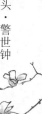

比卢骚还要高几倍，无论新学旧学，言及他老先生，都没有不崇拜他的。"肖祖道："到底那人为谁？"文明种道："就是黄黎洲先生，名宗羲，浙江余姚县人。他著的书有一种名叫《明夷待访录》，内有'原君'、'原臣'二篇，虽不及《民约论》之完备，民约之理，却已包括在内，比《民约论》出书，还要早几十年哩！"绳祖道："为何法国自有了卢骚的《民约论》，法国便革起命来，中国有了黎洲先生的《明夷待访录》，二百余年没有影响，这是何故？"文明种道："法国自卢骚之后，还有千百个卢骚相继其后；中国仅有黎洲先生，以后没有别人，又怎么能有影响呢？"肖祖奋臂起道："以后咱们总要实行黎洲先生所言！"文明种道："现在仅据黎洲先生所言的，还有些不对，何故呢？黎洲先生仅伸昌民权，没讲到民族上来。施之于明以前的中国，恰为对症下药，如今又为第二层工夫了。"必攘于是起身出席问道："请问民族的主义为何？"文明种道："大凡人之常情，对于同族的人相亲爱，对于外族的人相残杀，这是一定的道理。慈父爱奴仆，必不如爱其子孙，所以家主必要本家的人做，断不能让别人来做家主；族长必要本族的人当，不能听外族来当族长，怎么国家倒可容外族人来执掌主权呢？即不幸为异族所占，虽千百年之久，也必要设法恢复转来，这就叫做民族主义。"必攘点头称是。念祖又出席问道："前先生说要离了此处，再往别方，这句话一定使不得。学生们离了先生，就好像孩子离了爷娘一般，我们一定要留住先生的驾的。"文明种道："你们都已很好了，我在此也没有什么益处，不如让我到别处去走一遭，或可再能开通个把人，也算我文明种稍尽一分国民的义务了。"

众人总不答应，说："只要先生过了今年一年，就容先生往别处去。"文明种道："时已不早了，诸君且退，有话明日再讲。"即欠身走下台来。众人只得各归自修室去。至次日五点半钟，方才起来，号房走进来说道："文先生独自一人，手拿一个提包，于三十分钟前已去了。"众人急忙走出大门来赶，要知能赶到与否，待下回分解。

# 第四回

## 孙念祖提倡自治　狄必攘比试体操

话说众人一齐赶到海边，只听得汽笛一声，一团黑烟滚滚向东北而去，船已离岸数里了。念祖等伫望了半点钟，那船便渐渐不见了，只得回转学堂，无精无彩的过了数日。学堂总理孙名扬，即将汉文教习史中庸代理总教习一席。那人性情平和，但是学问识见远不及文明种，自己晓得这一班学生久经文明种抬高，压制是一定不行的；又没有新奇学说教训他们，也就于学堂事务不大注意，空领虚衔。这些学生，自经文明种提倡之后，志气陡增了百倍，人人以国民自命，那些教习，少有在他们眼中。自由太过，少不得有些流弊，舍监教习，事事忍让，积久成骄，谨守法度的固多，跳出范围的也不少。舍监稍为约束，即说是压制，说要革命，相约退学，经念祖等排解了多次。有一天，舆地教习某在讲堂上教授地文学，讲错了一个题，那些学生遂大哄起来，羞得那教习面红耳热，告知孙名扬，将某某四生记大过一次。同班的学生不服，都到孙名扬处请假。孙名扬无可奈何，把那记过簿注销，才得无事。那一位舆地教习下不去，只得辞馆他往。这一回愈长了学生的气焰。但是学生虽然如此，毁伤名誉的事，倒也稀少。

后来新到附学十余名，都是从内地来的，把那野蛮气习都带来了。学堂的制服，出外不肯穿戴，要穿那内地的衣服；又不整齐，帽子歪歪戴起，鞋子横横拖起，衣衫长短不一，半是不结的，背后拖一条猪尾，左右乱掉。不管民权村的警察章程，不是在街中喧笑乱走，即是在茶楼酒馆痛饮狂呼，或在馆中出入，不守时限。上了讲堂，这十余人的咳嗽声、咦唾声、走动声，相连并作，大家甚是厌听。其他败坏规则的事情，没有不做出来的。念祖等婉言相劝，倒说是他们的自由权，干涉他不得，和学堂的人，不知冲突了好多回，脾气一点都不改变。舍监向他们劝说，也全不放在意下，率着他们的本性行为就是了。住了二三个月，此地的人民也相识了一些，每逢休假日，即成群结队的去了。民权村的风气全与内地不同，男女可以交相往来，本为交通社会，讲求学问起见。不料这一班人，借此寻花问柳，男学生全不交接，女学生倒喜欢接待几个。无奈各些女学生不堪他们轻薄之态，没有一个敢与他们相交，真是无味的很。内中有一个名叫杨柳青的，在公园亭子内独自一个人打坐，忽然远远来了一位女佳人，生得不长不短，年约十五六岁，学生装束，也只一个人，相貌中人以上，虽然不及那西施、王嫱，也足令人醉心了。杨柳青等他近了亭子面前，便脱帽折躬为礼。那一个女子见他也是一个学生，遂进来与他相谈。杨柳青将那女子的家世、学堂问了，到了第四日，修书一封，由邮政局寄给民权村公立女学校，信面写："钱小姐惠姑亲启。由民权村公立中学堂寄宿舍十八号杨肃缄。"不知这女学校的章程，凡外人寄信学生的，必先呈监督阅过。拆开一看，乃是一封求婚书。监督看了，即传那女子来前，将信交与她看，责道："自由结婚，文明各国虽有此例，但在我这学堂里，尚不能任你自主。东洋的风俗，不比西洋，这话传出去，我这学堂的名誉，不从你一个人扫地吗？当初开女学堂的时候，那些顽固党早说立了女学堂，必要做出伤风败俗的事来。不知费了多少的曲折，才能支持到今日。现在虽说风气开了一点，到底是反对的人居其多数。平日无风尚要生波，何况有了话柄呢？能禁他们不借此推翻吗？"监督说了这一篇话，那女子哭道："当时我以为谈谈话也是交际的常事，熟知那厮怀了这个反意？不要监督责我，我也没有面目在世了！"说罢将信片片的扯碎，拿起一把裁剪刀就向咽喉刺去。监督慌了，忙上前按住，幸所刺的不深。那女子还是要寻死，监督命多人看守，百方解劝，一面写信将情形知会孙名扬。孙名扬将杨柳青传来，申斥了一番，立刻逐出堂外。同堂的学生知道此事，也要向杨柳青说话，早已闻风跑了。同来的几个也自己退了学。

那时众人才晓得专任自由，必生出事故来。念祖因说道："'自由'二字，是有界限的，没有界限，即是罪恶，如今的人醉心自由，说一有服从性质，即是奴隶了，不知势利是不可服从的，法律是一定要服从的。法律也不服从，社会上必定受他的扰害，又何能救国呢？依愚的意见：总要共立一个自治会，分拟一个自治章程，大家遵守自己所立的法律，他日方能担当国家的大事。"众人齐声答道："是！"即有几个不愿意的，也不敢出来作声。大家公举了念祖起草。不数日章程做完了，众人都皆承认。按照会章：有总理一员，书记二员，会计一员，稽查二员，弹正四员，代议士十人举一人。总理员对于全体的会员，有表率督理之责任；书记员承总理之命，掌一切文件信札；会计员掌会中经费之出入；稽查员考察会员之行为，告知弹正员；弹正员遇会员有不法事情，纠正其非，报告总理员。罪有三等：一当面规劝，二记过，三除名。开起会来，会员皆坐；弹正员在旁站立，整肃会规。代议士修改会章，及提议各事。各代议士又公举一人做议长。总理不尽其职，代议士当会员弹劾其罪，如经多数承认，即命退职。代议士若是舞弊及犯会中条规，也归弹正员治罪，但不可自总理员加命令。其余的详细章程，不及备数了。念祖被举为总理，必攘被举为弹正员，绳祖被举为议长。自是聚英馆的自治规则，办得井井有条，嚣张之气，一扫而绝，不在话下。

文明种去后，那中国的情形，越发不好。惟民权村处在海外，尚不见得。有一天，念祖同着绳祖、必攘等七八人在海边游玩，忽来一个游学先生，头戴一顶破帽，身穿一件七补八补的衣，手拿一把破烂的伞，好像是三闾大夫愁吟泽畔。这人向念祖等施礼，念祖问他的来历。起初时很是支吾，后经念祖层层盘问，遂将他们今年拟在南方八省起设独立军，不料为两湖总督江支栋所败露，同志被害者二十余人，他一人九死一生，由湖南逃到香港，由香港逃到此间，身无一文，沿途乞食，才得残生的事说了一遍。念祖等忙起身道：
"原来是一位志士，失敬了！"即为他寻了一个客栈，又集了
七八十元洋钱，打发他往日本去了。念祖连日的叹气道："我
不知道江支栋什么心肠！杀自己的同族，来媚异种。"必攘
道："天下的人都是江支栋一流，骂也无益。我们惟有注重体
操，以好为同胞报仇。"念祖道："是。即烦你起一个章程！"
必攘把章程拟好了，当众念道：

一、于本学堂每周（七日为一周）原有五点钟体操之外，
再加体操课五点钟。

二、于每礼拜三、礼拜六两日开军事讲习会，各以两点
钟为度。

三、于礼拜日将全堂编成军队，至野外演习，公举一人
指挥。

四、每年开运动会两次，严定赏罚，以示劝惩。

五、非入病院，每日体操、军事讲习、野外操演，皆不
准请假。

六、教习及代表人之命令皆宜遵守。

七、章程有不妥之处，可以随时改良。

八、有违犯章程者，诸人皆宜视为公敌。

必攘念完说道："诸君有意见的，请上台演说；以为然的，
请各举手。"于是举手者居多数。即议定由下礼拜起举行。将
章程呈与孙名扬、史中庸阅过，均无异言。从此聚英馆的尚
武精神，越发振起来了。按下不表。

且说民权村每届三年，举行大运动会。本年十月会期
已到，即在公园之左，划出一个大体操场，周围有了二里多

路，外用五色布做围墙，四方开门，门口交插龙旗。围墙内张了多少的彩棚，上面有三个大白布帐棚，中一个是运动会各项职员的座位，左一个摆着自鸣钟、时辰表、吕宋烟、皮靴、缎绢等件，右一个陈列军乐，共有三十多个人。其余两边的，都是来客的坐席，先期买了入场票；没买票的，只可站围外。自上午八点钟开场，各学堂的学生，体育会的会员都络绎而至，共有八百多个。聚英馆早编成了一个中队，步伐整齐，俨然节制之师，不比各人的散漫无章，到齐了，各按指定的方位，如墙鹄立。来的客也有乘马车的，也有坐人力车的，队队的进了围场。行路来的也有好多。坐客约有数百。在围外站着的约有千余。内中妇女也不少，有扮西洋装的，有穿中国服饰的，又有几个日本妇人，所以又有穿东洋装的。旗帜飘扬，冠履交错，讲不尽的热闹！过了三十分钟，传令开操，军乐大作，先习徒手体操，后习兵式体操；器械体操、危险体操，相继并习。下午竞走，由十人一排竞走，以至超越障碍物件竞走、相扑、击剑各事，都依次并作。只见人人奋勇，个个争先，好不容易的分高下。就中惟有必攘超群拔萃，各人所不能及；次之则是肖祖。危险体操之中，有天桥一项，高有二丈，长三丈余，以铁条作梯，削立如壁。两手插腰，手不扶梯，挺身直上；过桥后仍从那头下来，少有不胆战心惊的。必攘飞身而上，仍飞身而下，一连三回，最后从桥上跳下，丝毫不改。又把两根竹竿牵一条绳子，约有八尺多高，必攘一跃而过，两旁拍手不绝。有一个大汉要和必攘相扑，必攘仰看其人，约高六尺，两臂如碗粗，向必攘扑来。必攘卖一个虚势，把他的左足一勾，早已仆地，看

猛回头·警世钟

者哈哈大笑。那人翻身起来，又要和必攘击剑。两人都用铁面具盖面，两膀及两胁紧缚竹片，极厚的竹板做剑，两两对击，不及数合，那人又败下去。接连五个人，都是必攘得胜，只见拍掌的拍个不了。时候已到了四点钟，将要收场，预备颁分赏物，大放烟火。只见东边客棚内走出一位佳人来，不慌不忙的，高声叫道："且慢，且慢。"众视其人，乃是绳祖之妹女钟，年方二八，身穿灰色大呢外套，头带〔戴〕鸵羽为饰的冠，生得明眸皓齿，虽不擦脂抹粉，却有天然的姿色，楚楚动人。走到场中，向干事行了一礼，说道："咱们民权村的体操素来有名的，大运动会也开了好几次，从没有见过外村的人取过第一的。这回被狄君得了头彩，俺民权村的名誉从此扫地了。侬虽女流之辈，也不愿意有此亏损名誉的事。今日各项武艺都已比过了，只没有竞马，列位如不以女钟为不才，情愿与狄君竞马一回。"众人欢呼道："妙极妙极！看娘子军替咱们民权村出一口子气。"早有人牵出两匹马来，一匹是淡黄色，一匹是白色，俱是很好的骏马，从西洋买来的。必攘看此两马，有五尺多高，又没有脚凳，择那淡黄色的骑上。女钟手不扶马，纵身一跃，遂坐下了。把口缰绉一纵，出了围外，从村北驰去，再包村外跑到原所，约有十里。初时必攘之马在前，将到围场，女钟将鞭一挥，那马电闪一般，早突过必攘的马。及到旗门，都下了马，两人神色不变，气不乱喘。喝彩之声，恍如雷动。座中的女人，都将手帕乱扬。干事忙将贵重的物件分赏了二人，其余依次受赏。凡事已毕，军乐又复大作。有一物直上云霄，霹雳一声，如万道金蛇，分射空中。正看不厌，背后又响了，又是金光灿烂的，把两目都迷眩了。只见无数金星之中，拥出一个红轮，现出四个大金字"黄人世界"。喝彩的，拍手的，大家闹个不了，声音嘈杂的很。未几，车声辚辚，已有好多人去了。必攘等仍排齐队伍，走出场门，整队而归。齐到门首，那必攘的家人已在此等候，必攘散队，即叫进来问有何事，那家人答道："老爷已气息奄奄，不能说话，请少爷作速归家。"必攘大叫一声，倒在地下。欲知后事如何，且听下回分解。

# 第五回

## 祭亡父叙述遗德　访良友偶宿禅房

话说众人把狄必攘扶起，久之始醒。痛哭了一场，经众人劝解始收泪。请肖祖代向舍监处请假，草草收拾行李，同家人飞奔回家。

原来必攘的兄弟死亡略尽，母亲也早亡过。必攘父亲，是一个老生员，学名同仁，平生乐人之乐，忧人之忧，出身贫寒；年十九岁，训蒙糊口，每月修金仅八千文。书馆之旁，有要卖其妻的，抱哭甚哀。问人知原是恩爱夫妻，因家穷难以度日，所以将妻出嫁，而情又不舍，二人因此聚哭。那位老先生竟忘了自家的艰难，把半年的修金捐了，全他二人。旁人看见一个寒士尚且如此，都捐了些钱，那人之妻，遂得不嫁。一生所行的事，如此之类者甚多。他尤好打抱不平，遇有强欺弱的事，他老先生便奋不顾身的帮忙。晚年看了几部新书，那民族的念头，也遂很重。自恨没有学过新学问，所以命必攘到民权村去附学。每与必攘书，总是叮嘱他勉力为学，异日好替民族出力，切勿以他为念。此回得病，其实已有三四月之久，力戒家人，勿使必攘知道，及到临危，手写遗书一通，命家人交给必攘。遗命不可以满洲服制殡殓，必用前朝衣冠。比必攘到家时，已死去一日了。必攘抚尸哭了许久，家人把遗书拿出来，即在灵位前，焚香跪读，书上写道：

　　字示季儿知悉：余抱病已非一日，所以不告汝者，恐妨汝课业耳。今恐不及与汝相见，故为书以示汝。余行年七十，亦复何恨！所惜者，幼为奴隶学问所误，于国民责任，未有分毫之尽，以是耿耿于心，不能自解。汝当思大孝在继父之志，不在平常细节。丧事稍毕，即可远游求学，无庸在家守制。当此种族沦亡之时，岂可拘守匹夫匹妇之谅，而忘祖父之深仇乎？吾之所生，存者惟汝，汝有蹉跌，吾祀斩矣。然使吾有奴隶之子孙，不如无也！汝能为国民而死，吾鬼虽馁，能汝怨乎？勉之毋忽！吾于始祖之旁祝汝功之成也！父字。

　　必攘读一句，哭一句，未及终篇，已不能成声。众人劝了许久，才收泪起来拜谢亲朋。那聚英馆的窗友，后来得了信，多使人来烧香吊唁，不在话下。单表女钟自那日竞马回家，心中想道："这狄君真个是英雄，不知要什么女豪杰方可配得他？"又转念道："有了加里波的，自然有玛利侬，不要替他担心。只是……"他想到此处，不便往下再想，只得截

住了。一日，看那日本《维新儿女英雄记》，不觉有所感触，遂于上填了一首《虞美人》：

柔情侠意知多少，魂梦偏萦绕。樱花何事独敷荣？为问琵琶，湖上月三更。英雄儿女同千古，那管侬心苦！镜台击破剑光红，太息落花无语怨东风。

填完了，又看那法国罗兰夫人的小传，下婢送上咖啡茶来，正待要吃，绳祖已从学堂回来了。女钟忙到外室，只见绳祖面上有些忧色。女钟惊问道："哥哥近来难道有些心事不成呢？"绳祖道："妹妹那曾知道。那狄君必攘的尊人，闻说已经谢世，愚兄和必攘友情最密，必攘是一个寒士，遭了这个变故，如何经得起！意欲帮他一些钱，他又狷介不过的，恐怕不要，转觉没味，所以觉得两难，烦闷得很。"女钟道："无论他要不要，我们的心总是要尽的。"绳祖道："妹妹之言有理。"即定议礼物之外，又加奠银三十元。恰好肖祖、念祖也来商议此事，见绳祖如此办理，念祖遂出四十元，肖祖也出三十元，共凑成一百元，差人送去。果然，必攘受了礼物，把一百元的奠银退还。

不表必攘在家之事，且说念祖等一班四十余人，已届四年毕业之期。到了十二月初三日，大行试验。连试七日，榜发之后，念祖第一，绳祖第二，肖祖第三，其余也都依次授了毕业文凭。只有五人，功课的分数未满，再留堂补习。念祖等领了优等文凭，各回家度岁。到了正月初旬，约齐在念祖之家聚会，提议此后的事。念祖首先说道："现在求学，一定是要出洋。若论路近费省，少不得要到日本了，但弟想日本的学问，也是从欧美来的，不如直往欧美，倒省得一番周折。世界各国的学堂，又以美国为最完备，且系民主初祖，宪法也比各国分外的好，所以弟想要到美国走一遭的志愿。"肖祖道："哥哥的话很是，但弟却有些和哥哥不同。因如今的世界，只有黑的铁、赤的血，可以行得去。听得德国陆军天下第一，弟甚想往德国学习陆军，不知哥哥以为然否？"念祖道："有甚么不可，各人就各人所长就是了。"于是也有愿和念祖到美国去的，也有愿和肖祖到德国去的，也有几人不想到欧美，欲往日本的，都签了名。惟有绳祖不言不语。众人问故，绳祖道："现在求学，固是要急，但内地的风气，不开通的很，大家去了，哪一个来开通风气？世界各国，哪一国没有几千个报馆！每年所出的小说，至少也有数百种，所以能够把民智开通。中国偌大的地方，就应十倍之了。不料只有近海数种腐败报，有新理想的小说，更没有一种了，这民智又怎么能开？民智不开，任凭有千百个华盛顿、拿破仑，也不能办出一点事来，所以弟想在内地办一种新报，随便纂几种新小说，替你们打通一条路，等你们学成回来，就有帮手了。"众人叫道："很妙很妙！赞成赞成！如今的事，复杂得很，大家只有分头办理的法，我办我们的，你办你们的，倒是并行不悖的事了。"恰好念祖的家人，摆上酒席来，众人坐了好几席，喝的喝酒、谈的谈心，又把新年的事情讲了好些。绳祖道："弟虽然不想出洋，弟的妹妹女钟，那出洋的思想倒发达得很，已向弟说了好几次。一来是家祖母不肯，二来因她年幼，一人远出，也很不放心。念祖哥哥，既要至美国去，即烦把舍妹一同带往，也好遂他的素志。"念祖迟疑未及回答，众人已在席上欢声雷动，极力赞成，念祖也只得答

猛回头·警世钟

应了。绳祖大喜，先起〔身〕回家，告知他妹子去了。众人
也纷起，回头念祖挽肖祖到外面言道："我和你到后日，往必
攘家中走一走。一则问他以后的行止，二则他尊人去世，也
应亲去一问。"肖祖应允。

到了那日，二人骑了马，两个家人引路。积雪欲溶，枝
上的柳叶如鹅黄一般，真是新春的气象。二人一路观风玩
景，好不舒畅！忽见一座青山，有十数只水牛，在此抵触为
戏，远远来了一个童子，手执竹竿一挥，那些水牛战战兢兢
的随着他去了。肖祖在马上问道："为何这些牛，倒怕了一个
童子？"念祖道："这个缘故，非自一朝一夕的了，讲起来很
远。"于是二人把马勒住，缓缓而行。肖祖道："请哥哥讲讲。"
念祖道："当初咱们所住的世界，原是禽兽多些，人民少些。
禽兽有爪牙卫身，气力又大，人民气力既小，又无爪牙，原
敌不过禽兽。只是禽兽不晓得合群，人为自卫起见，联起群
来；又因着智巧，造出网罟弓矢，禽兽遂渐渐的败下去。强
悍的如虎狼豺豹等类，逃往深山，与人不相交接；驯良的如
牛马等类，遂降伏了人，替人服役。起初尚有一点强硬性子，
不甘心受人的节制，自那神农、黄帝二位圣人出来，做了耒
耜（耕田的器）舟车，把牛马用来引重致远，逃不出人的缧
绁，才不得不俯首为人所驾驭。久而久之，子以传孙，孙又
传子，那一种奴隶性，深入了脑筋，觉得受了的鞭挞，是他
们分内的事，毫不为怪。所以见了一个小孩子，他也是很怕
的。及到了老来，人家要杀他，只晓得恐惧，不晓得反抗，
即是'积威之渐'四个字尽之了。"肖祖道："这样讲来，那
牛马也是很可怜的。"念祖道："虽是可怜，也不能替他们想

个法儿。你没有看见佛家戒杀牛马的条文吗？何尝不说得入情入理，哪里有人听他的呢！"肖祖道："为他们设想，到底要如何才好呢？"念祖道："除非是他们自己里内结成一个团体，向人要求宪法，舍此没有别法了。"肖祖道："这个宪法，怎么求呢？"念祖道："所有的牛马，通同联一个大盟，和人定约，做好多的工程，就要好多的报酬；少了一项，大家就一齐罢工。如此做去，不特人没有杀牛马的事，还恐怕要十分奉承牛马呢。只可惜一件……"肖祖道："可惜哪一件？"念祖道："可惜牛马中没有一个卢骚。"肖祖道："可惜我不通牛马的言语，若我通牛马的语言，我就做牛马的卢骚去了。"念祖笑道："你要通牛马的语言也易得，待来世阎王把你注生牛马道中，那时便得通了。"肖祖笑道："我和你说正经话，你却胡说起来了。"忽前面来了一个樵夫，头戴一顶半新半旧的草帽，身穿一件半截蓝衣，手拿一根两头尖的木杆，口里唱歌而来（歌词原略）。两人听了，念祖道："这人所唱，包藏着天演之理，想是个有学问的人。"连忙下马，向那人施礼道："适才尊兄所歌，是自己做的，还是他人做的？"那人言道："三四年之前，有一位老先生在此过路，号什么文明种，教与我们的。我们也不深晓那歌中的意义，只觉唱来顺口，闲时没事，把来散散闷。"言罢，遂另从一条路去了。二人痴立了一回，仍上马往前而进。不远到了一个邮亭，背后即是一个小小的丛林。家人上前禀道："这个丛林规模虽小，里面倒有几处景致。"二人动了兴，即教他们看守马匹，进那丛林里来。那丛林里的知客，看见他二人衣冠整齐，谅是富贵人家，又有几个小僧说是骑着马来的，越发不敢轻

忽，喜笑颜开，恭恭敬敬的，引二人到客堂，殷勤款待。问府上住在哪里，贵姓尊名，二人都告知了。又问现在有几房少太太，家中收得多少租谷。二人看见问的不中听，即起身告辞。那僧扯住，又带往三层楼上。楼后有一嶂大岩，岩上的苍松，盘曲而上，如蟠龙一般。岩前一望千里，天际高山，远远围绕。下得楼来，到了一个岩洞，有一个铁拂，趺坐其内，石壁上刻有游人的题咏。观览已毕，仍走到客厅，又吃了茶。二人又要告辞，却已摆上斋席，苦苦的留下，吃了饭，天色已不早了，又苦苦的留在禅房歇宿，家人马匹，早已着人招呼了。二人无奈，只得随他进了禅房，虽无摆玩，却也幽闲。到了晚上，知客又引二人往见方丈。那方丈年约五十余岁，身躯伟大，一口大胡须，约长五六寸。见二人进来，忙从蒲团上跳下，合掌念道："请施主坐。"命人把上好的香茶送上来，讲了一段闲话，把他的两本诗稿拿出来，请二人题和。又道："出家人勉强献拙，不比你们读书人，诗是素来会做的。"指道："这一首是因康、梁的邪说猖狂，有感而作的。中一联'辟邪孰起孟夫子？乱世竟有鲁闻人'，这二句颇为得意。这一首是那日贫僧在台州府，遇见几个洋人，恨他不过，几至欲挥老拳，被友人劝止，归来做了此首诗，其中颇写忠君爱国之忧，都是贫僧得意之作。"念祖道："和尚既然知道爱国，就要替国家想想，方今的世界，岂系能够锁国的吗？既然国家与国家交通，就不禁国人彼此往来，岂有见着外国人就打的理！彼此守着法律，我不犯他，他不犯我，才是正理呢。"那僧听了，把两目都翻上来了，许久乃言道："罢了罢了！如今的人，都变成了洋人了，老僧也无心在尘世，只想早早归西天就造化了。"念祖道："请问老和尚这西天到底在哪里？"那僧道："就是佛菩萨所住的五印度。"念祖道："若是五印度，老和尚今日就可去得，不过十余日就到了。"那僧惊道："哪里有这样的事！当年唐僧到西天取经，有孙行者、猪八戒保驾，尚且经了八十一难，一十八年才回来，难道咱们凡人倒去得吗？"念祖道："这是不扯谎的，从这里搭轮船，二三日到了香港；再从香港到新加坡，不过四五日；从新加坡到加尔各尔上岸，不过三四日光景，已是东印度；由加尔各尔坐火车到中印度及北印度一带极多不过几日。现在英国想从大吉岭（在北印度）筑一条铁路到西藏，由西藏接到四川，再由四川接到汉口；又由东印度修一条铁路到缅甸（与云南接界的大国，前为中国属国，光绪十一年为英国所灭），由缅甸接到云南，由云南也接到汉口。这两条铁路若成，到五印度越发容易得了。"那僧道："当真的吗？是仗着齐天大圣的神通，煽熄了火焰山，一路的妖怪，都降伏了？道路也为齐天大圣开得平平坦坦，所以他们才能来来往往的走个不断的哩？"念祖道："那齐天大圣是小说上一段寓言，没有其人的。但现在洋人的本领，也就和《西游记》上所说的齐天大圣的法力差不多。《西游记》说齐天大圣一个筋斗能走十万八千里，又称他上能入天，下能入海，手中所执的金箍棒，有八万四千斤，拔一根毫毛，就能另外变出一个行者。这些话《西游记》不过是扯一扯谎，以使读者称奇。哪知洋人实地里做出那样事来。电线传信，数万里顷刻即到。还有德律风，虽隔千里，对面可以想谈。火车每日能走四千多里，已快的了不得。又闻德国有一种电汽车，一分钟能走九里，一点钟走得五百四十里，闻说还可以加倍，岂不便快吗？美国已有了空中飞艇，一只可坐得三十人，一点钟极慢走得一千里，即是一日一夜走得二万四千里，三天可把地球周回一次。海底行船更是不希罕的事，可惜海龙王的话又是扯谎的，若是当真有龙王的水晶宫，恐怕龙王的龙位也坐不稳了。炼钢厂的大铁椎，重有几千万斤，一人拿住，运动如意，本领岂不比孙行者更大吗？活动写真，把世界的物件，都在影灯内闪出，与真的无二，转瞬千变万化，神仙变化也不过如是了。西人的电戏，一个女优在电光之中，婆娑而舞，变得无数的样出。本只一个人的，忽然四面有十多个，一样的颜色，一样的动法，真的假的，竟分不出来，你道不是活孙行者到了吗？这是我亲眼看见过的，老和尚也可以去看一看。照科学的话说，将来天地一定是没有权的，晴雨寒暖，都可以人力做到，则要到那月球上，金星、木星上，也有可去的日子。目下意想所万不能到的，后日或竟有做到之日，恐怕不止如那个《封神》《西游》一派荒唐话所言了。"那僧道："据施主的话，难怪如今的人都怕了洋人。但是佛法无边，洋人怎么到得佛地？你说英国要从五印度修铁路接到中国，好像五印度也有了洋人，这话又怎么讲的？"念祖未及回答，肖祖忍不住笑道："你们当真以为佛菩萨果有灵验，能救苦救难吗？哪知那苦菩萨，倒没有人救呢。你说五印度还是佛地不成呢？是千年以前的事了，我讲来你们听听。那五印度的地方，当初只有婆罗门教，自释伽如来佛出世之后，遂多半奉了佛教。到了佛教大行中国的时候，那五印度的佛教又渐渐地衰下去，婆罗门教又渐渐地盛起来。到了元朝之时，回子教又侵入五印度。清朝乾隆年间，五印度全为英国所灭，放了一所总督，七个巡抚，分治其地。那天主教、耶苏教等，五印度也遂有了。于今五印度的人口，将近三万万，一半是婆罗门教，一半是回子教；天主教、耶苏教也有了数百万，佛教倒总共只有一十二万人。所谓舍卫国，所谓大雷音寺，现在都零落不堪，连基址都不晓得了。那处的僧人受苦不过。老和尚日日想到西天，恐怕他们倒日日想到东天哩。这是我问那亲从五印度来的所说如此。老和尚倘不信，现在走过五印度的人很多很多，可去问一问。坊间还有新出的地理书，可买来看一看，才知道我的话不是扯谎的。"那僧道："有这些事吗？我倒不知，想是洋人正在得时，佛亦无可如之何了。将来佛运转时，一切自有重兴的日子的。"念祖道："老和尚倘要想佛法重兴，即应从老和尚做起。有什么佛运不佛运！人家都是由人力做出来的，不是从天安排的。你若靠天，那就一定靠不住了。"那僧还要有言，肖祖不耐烦了，忙道："咱们今日辛苦了，请老和尚叫人带咱们去睡吧，明天再说。"即有两个小僧，带他二人出来，仍到那间禅房歇宿。

到了次日，又留了吃了早餐。那知客便把缘簿拿了出来，念祖把他十块洋钱，还要争多，又添了十块，才送二人出门，念了几声"阿弥陀佛"。二人上马，到了路中，肖祖道："可恶的是僧道！勾引人家，如妓女一般；需索钱文，如恶丐一样。将来定要把这些狗娘养的杀尽！"念祖道："也不须如此，只要学日本的法子，许他们讨亲，国家的义务，要他一样担任，就是化无用为有用的善策了。"二人行不多时，到了一个小小口岸，问知离必攘家只有五里路程。念祖道："必攘的家，

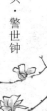

猛回头·警世钟

谅不宽广的，咱们把这些人马，一齐到他家去，殊觉不便。不如叫李二在此，住在一家客栈里，看守两匹马，只叫张宝带了礼物，同咱们去。"肖祖道："很是！"即将马匹交与李二，寻了一家客栈，留寓在内。他二人却带了张宝，向必攘家中行来。

　　约行了三里多路，有一小溪，溪上有一条板桥。却有三条大路道，不知到必攘家过桥不过桥，又没有人可问。正慌张得很，忽远远那头有一个穿白衣的人向此而来。三人正注目望着，张宝指道："那不是狄少爷吗？"二人着意看时，果真是必攘，不胜大喜，向前迎去。要知道他三人相见如何，且待下分解。

# 第六回

## 游外洋远求学问　入内地暗结英豪

话说必攘是日从父亲坟山里回家，恰好撞见念祖二人，彼此握手为礼，即带他主仆三人过了板桥，不走那条大道，另从田间一条小径。约行了一里多路，到了一个小小的村落。青山后拥，碧水前流，饶有田家风味。必攘所住的屋，在村落左傍，茅屋三椽，十分整洁。必攘家无别人，有一个寡姊，接养在家，替必攘照管一切。外雇工一人，耕着薄田十余亩。必攘叫开了门，让念祖等先行到了中堂。摆着必攘父亲的灵位，命人把香烛燃起，念祖二人向灵位前上了香，然后再与必攘行了礼，即带进书房，说了好些话。必攘的姊姊整了两碗菜蔬，一碗鸡肉，一碗腊肉，烫了一壶火酒，叫雇工送进来。二人坐下，必攘另用一碗素菜，在旁相陪。吃完了饭，坐了一阵，必攘带他二人往外玩耍。出村落一二里，有一小市，茅店八九家。市后有一小岭，登之可以望海。虽不及民权村的壮丽，却有洒落出尘之景。游竟归家，日已衔山。有一四五十岁的人，满面烟容。身上的衣服没有一件扣着的，用一根腰带系紧，走进来把必攘喊到那厢去，说了许久，然后去了。必攘仍走进房子来，面带愁容，不言不语，有半个时辰。肖祖问必攘道："才来的那人，是你的什么人？"必攘道："他是我一个同房的叔父。他有一个女儿，和我一岁生的，比我仅小一月。先慈请他的妻室做弟的乳母，故我和他的女儿，同在一处长成。后先慈过世，弟随先严往别处住馆，有了好几年，彼此分离，不相记忆。一日弟从外间回来，在路上撞见一个绝美的女子，虽是村装野服，却生得妖容艳态，面上的肉色，光华四发。弟比时惊道：'乡间安有如此的美女？'后在乳母家，又会见一面，才晓得即是弟同乳的房妹。比问嫁在哪姓，说是姓梁的。细细查究起来，房妹有一个中表，年象相当，两相爱悦，私订百年之约。弟乳母亦已心许，只弟房叔平日不务正业，惯吸洋烟，欠债甚多，要把这女儿做一棵钱树子。近村有一个富户，即姓梁的人，生得异常丑恶，年已有四十余岁，前妻死了，要讨一个继室，看上了房妹，出聘银三百两，弟那房叔不管女儿愿不愿，强迫嫁了梁姓。那中表因此成了痨病，不上一年遂死了，弟房妹也抑郁得很。兼之那人前室，已有了三子一女，两房媳妇。那女比房妹还要大一岁，终日在梁姓前，唆事生非，说房妹在家，表兄妹通奸。那人初先是溺爱少妻，不信这些话，后见房妹的情总不在他，遂信以为真，暴恶起来，不是打就是骂。三四年之中，不知淘了多少气，乳母向弟哭诉了几次。房叔才来说，舍妹因受苦不过，已悬梁自缢，要弟做一张呈纸，到衙门前告状。弟于这些事，素来不知道，兼在制中，不便干预外事。兄弟教我这个问题如何处置？"二人都叹息了一回。然后念祖把他们出洋的事说了一遍。狄必攘道："这事很赞成，苦弟此时方寸已乱，无心求学了。将来想在内地走一遭，看有机会可乘么。"又谈论了一些。到第三日，念祖等辞行要归，必攘又送他二人到前日相会之处，然后珍重而别。

　　二人到了那市镇，取了马匹，仍由旧路而归。念祖的母亲暴得重病，偃卧在床。念祖生性最孝，日夜侍药，衣不解带，把那出洋的事，暂搁一边。过了十余日，那同班毕业的学生，有五个要往东洋的，来到念祖家里辞行。念祖嘱咐了几句话，约在东京相会，五人起程去了。又过一月，念祖母亲的病，尚未大减，不胜焦急。肖祖同着二人，一个姓王，名得胜，福建闽县人，也是同班的附学生；一个姓齐，名争先，山东历城县人，天津武备学堂毕业生，往德国游学，先来民权村游历，与肖祖最相得。是日三人同来念祖家，告知本周木曜日，一同乘英国公司轮船，向欧洲进发。一来问念祖母亲的病势，二则告别。到了木曜日，念祖亲送三人上船，说到德国之后，彼此都要常常通信。肖祖道："这个自然。哥哥到了美国，也要把美国的真相查考出来，切不可随人附和，为表面上的文明所瞒过。"念祖道："兄弟自然要留心。你到德国，也要考察考察。"又对齐争先道："舍弟学问平常，性情乖僻，祈兄时时指教，就感激不尽了。"齐争先道："小弟学问，也空疏得很，还要求令弟教训，这话实在担当不起了。"那轮船上的汽笛，震天的叫了几声，船已要开了。念祖同那

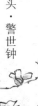

些送行的人，又切实讲了几句，说一声珍重，忙上了岸，那船已渐渐的离岸去了。念祖等回得家来，母亲的病势虽渐到好边来，尚不能出外行走。有一个同学也是姓孙名承先，约念祖同往美洲，恰值念祖因母亲逗留，他也不能行。一连等了三四个月，心上乱七乱八的不好过，又不便催，只时时来念祖家问病。念祖心知其意，言道："兄弟不要急，遂等家慈的病到了平稳一边，就要走的。"到了下月，念祖母亲的病已大愈，念祖遂把到美洲留学的事，禀知了员外。员外虽只有一子，爱惜得很，却晓得游学是要紧之事，不好阻留。只有念祖母亲，平日把念祖宝贝样的看待，如何舍得？听了这话，不觉大哭起来。念祖也悲伤得很，倒是员外道："这外洋一带，我不知住了好多年，为何儿子要往外洋游学，就要做出这个样子？快快收拾，打发他去。"念祖母亲不好哭了，念祖也收住了泪。退到书房，写了两个邮便，知会承先、绳祖。绳祖接到邮便，即一面催女钟勾当各事，一面禀知祖母。原来绳祖的父母，俱已亡过，只有兄妹二人，上头仅有一个祖母，年已七十余岁了。到了动身日期，女钟上堂拜辞祖母。女钟祖母听说女钟要到洋国去，一见女钟来前，心肝儿、心肝儿的叫，哭不成声。手中的拐杖，支持不住，身体往后便倒。绳祖上前一手扶住，说："祖母不要伤心，妹妹不久就要回来的。"女钟正色言道："孙女出洋求学，是一件顶好的事，老祖宗倒要如此悲哀，孙女顶当不起了。孙女年已长大，自己晓得打点自己，祖母不要担心。祖母在家，有哥哥服侍，孙女也放心得下。只要祖母自己好生保养，孙女不过一两年就要回来看祖母呢！"那女钟的祖母见女钟如此说，心中有好些话要说的，一句也说不出来，只睁着两只泪眼，瞪视绳祖兄妹，比及要说，喉中又咳嗽起来，说不成功。女钟连忙拜了两拜，说一声"祖母珍重，孙女去了"，转身望外而走。女钟的祖母看见女钟去了，咳嗽了一会，方才放声大哭起来。绳祖扶进后堂，安慰了许久，再走出来招呼女钟上船。念祖、承先已先到了，绳祖少不得向二人把女钟嘱托几句。二人都说："不要费心，万事有我二人担任。"三人上船，然后绳祖同两家送行的亲朋，都各转回。绳祖即在本村开了一个时事新报馆，又邀集同志数人，办了一付铅字排印机器，把一切新书新小说，都编印出来，贴本发卖不表。

且说四川省保宁府南部县，有一个秀才，名叫康镜世，是一个农夫子，薄有资产。康姓素来以武力传家，到康镜世才是一个文生员。康镜世的弟，名叫康济时，入了武庠，能开两石之弓，鸟枪习得极精，仰射空中飞鸟，百不失一。康镜世自幼也好习拳棒，操得周身本领，文事倒不及他的武事。专爱锄强扶弱，结交些猎户痞棍，终日不是带人打架，即是带人捉人，也拼过些大对头，打了几场官司，把家财弄得七零八落，本性依然不改，因此远近都叫他做"康大虫"。同府的苍溪县，也有一个秀才，姓贝名振，性情顽固得很，仇恶洋人，疾视新学。连那洋布、洋货，凡带了一个"洋"字的，都是不穿不用。一生轻财仗义，把数万金的家资，不上十年，花得精光；连两个门生的财产，也被他用去大半，两个门生，口无怨言。因此人人爱戴，一呼可聚集数千人。乡间事情，他断了的，没有一个敢违。那些乡绅富户，很恨不过，却怕了他。单有康镜世慕名投他门下，彼此谈论兵法，甚为相得。

猛回头·警世钟

后贝振因闹了一场教案，杀死两个教民，被官兵捉拿去正了法，康镜世常有为师报仇之心，恨洋人与教民愈加切骨，所读的即是《孙子兵法》、《纪效新书》，日日组织党羽。本府书院里有一个山长，姓马，名世英，是安徽桐城县人，为本府太守聘来掌教，最喜欢讲新学，排满的心极热。只是保宁府的人，奴隶心太重，凡来书院读书的，都是为着科名而来，哪里晓得国民事业！虽有些可造的，还少得很。听闻康镜世的行径，晓得他和常人有些不同，打量运动他。又听得他是著名的顽固党，怎好开口，想了一回，说道："是了，大凡顽固的人，不开通便罢，开通了就了不得，他是个仇恨洋人的人，开先就要他讲新学，是万不行的；少不得要照他平日的议论，渐渐归到新学上来，自然不致有冲突之事了。"主意拿定，打听康镜世到了府城，即私自一人，带了名刺，寻访康镜世的寓所。投了名刺，相行了礼，果然一团的雄悍气，全没有文人气象。马世英先说了两句应酬套话，既而便侃侃而谈，说时局如何不好，洋人如何可恶，中国人如何吃亏，淋淋漓漓的说了一遍。说得康镜世摩拳擦掌，把佩刀向案上一丢，说道："是的，如还不杀洋人，将来一定不得了。先生所言，真是痛快得很！只恨那鸟官府不知道，专心怕洋人，实在懊恼之至！"马世英道："不是官府怕洋人，是满洲政府怕洋人。满洲政府若是不怕，那官府一定不敢阻民间杀洋人了。"康镜世道："这是不错。"马世英道："满洲政府，原先何尝不想杀洋人，一切事情，都当洋人不得，怎么行呢？"康镜世道："怎见得？"马世英道："别项不要讲，即如枪炮一项，洋人的枪，能打五六里，一分钟能发十余响；中国的鸟枪，不过打十余丈，数分钟才能发得一响。这是我没近到他前，已早成了肉泥了。"康镜世道："只要舍得死，枪炮何足怕哉！"马世英道："事到临危，正要这样讲，但是预先不要存这个心，学到他的，把来打他，岂不更好呢？"康镜世道："学造枪炮就是了，为何又要讲什么洋务？"马世英道："洋务也不得不讲的，每年中国买他的洋货，共计数万万两，都是一去不返的。又不能禁人不买，是工艺之学，万不可不讲了。中国在洋人一边经商的，也有好多人，但总不如洋人的得法，如银行、公司、轮船、铁路、电线，洋人为之，则要赚钱，中国人做了，遂要失本，那么商学又不可不讲了。中国的矿，随便拿一省，即可抵洋人一国，因自己不晓得化炼，把矿砂卖与洋人，百份才得一二，是化学与矿学又不可不讲了。"康镜世道："洋人的长处也不过就在这几项。"马世英道："不是这样讲，古人云：'知彼知己，百战百胜。'洋人于中国的事情，无一不知，中国人于洋人的本国，到底是怎样的，好比在十层洞里，黑沉沉的如漆一般，又怎么行呢？是外国的语言、文字、历史、地理、政治、法律各学，也不可不讲了。总而言之：要自强，必先排满，要排满自强，必先讲求新学，这是至当不移的道理。"康镜世听了，沉吟了半响，言道："先生之言，颇似有理，容在下思之。"马世英知道他的心已动了，即辞回书院。到次日，着人把《现今世界大势论》、《黄帝魂》、《浙江潮》、《江苏》、《湖北学生界》、《游学译编》等书，送至康镜世的寓所。康镜世把这些书，做四五日涉猎了个大略，即走到马世英处，顿首言道："康镜世如今才算得个人，以前真是糊涂得很。先生是我的大恩人了！

可惜我的贝先生，没有撞见先生，白白送了性命。自今以后，请以事贝先生的礼事先生。"马世英道："不敢当！不敢当！贝先生的爱国心，素来所钦慕的，卑人不及贝先生远了，敢劳我兄以贝先生相待，是折损卑人了。"自是康镜世与马世英异常相得，折节读书，要想立一个会，却寻不出名目来。一日，说起中国的英雄固多，英雄而为愚夫俗子所知道、所崇拜的，惟有关帝与岳王。但关帝不过刘备的一个私人，他的功业，何曾有半点在社全上，民族上！比起岳王替汉人打鞑子，精忠报国而死，不专为一人一姓的，实在差得远了。俺汉族可以崇拜的英雄，除了岳王，没有人了，不如我这个会名就叫做岳王会。把此意告知马世英。世英道："很妙！"即替康镜世草了一个会例，交与康镜世。书院里有两个学生，一个名叫唐必昌，一个名叫华再兴，预先入了会。康镜世回家，把一班朋友都喊了来，告知立会之事，都欢喜的了不得，齐签了名。会员每人给《精忠传》一部。当岳王诞期，演精忠戏三本。会员四出演说，说岳王如何爱国，咱们如何要崇拜岳王，及学岳王的行事。渐渐说到岳王所杀的金鞑子，即是如今的满洲；岳王所撞的，只有一个金国，尚且如此愤恨。现在有了满洲，又有了各国，岳王的神灵，不知怎样的悲怆了！咱们不要仅仅崇拜岳王，遂了里事，还要完成那岳王未遂的志呢。这些话说得人人动心，不两个月，入会的有数千人，会资积到万余金。康镜世推马世英做了会长，把会章大加改订，恰值岳王圣诞，演戏已毕，康镜世提议集资，修建岳王庙，就为本会的公所。马世英把会章的大意，述了一遍，又演了一遍说。那时会内会外的人，约有三四千，都是倾耳而听。散了会，马世英走到康镜世家里，谈论了好些。紧要的会员，都皆在座。忽报有一生客来。马世英同康镜世走出去，延客进室。只见那客年纪不过二十多岁，粗衣布履，相貌堂皇，衣上微带些灰尘。你道此客为谁？原来就是狄必攘。必攘当念祖起程赴美三四个月之后，把家中的事，托与寡姊，带了些盘费，先到绳祖处，把要到内地的事情与绳祖听。不一会在内拿出三百圆钱来，交与必攘做川资，必攘不受。绳祖道："古人云'行者必以赆'。这个可以受得的，吾兄不必太拘执了。"必攘只得收下，乘坐一个小火轮，一直到上海。平日听说上海是志士聚会之所，进了客寓，卸了行装，把那些著名志士姓名寓所，探访明白，用一个小手折子，一一开载。到了次日，带了手折，照所开的方向去问，十二点钟以前，都说没有起来，十二点钟以后，又都说出门去了；会了三四日，鬼影都会不到一个，焦闷得很。隔壁房里，有一个客，说是自东京回来的，和必攘讲了些东京的风土情形。必攘道："弟想在此和那些志士谈谈，一连三四日，人都会不到手，真奇怪得很！"那客笑道："要会上海的志士，何难之有！到番菜馆、茶园子、说书楼，及那校书先生的书寓里走走，就会到了。有时张园、愚园开起大会来，就有盈千盈百的志士在内。老兄要想会志士，同我走两天，包管一齐都会到了。"必攘惊道："难道上海的志士，都是如此吗？"那客道："哪一个不是如此？现在出了两句新名词，'野鸡政府'、'鹦鹉志士'。要知现在志士与政府的比例，此两句话可以做得代表，老兄不要把志士的身价看得太高了。"必攘低着头默默无言，长叹了一声。那客又道："老兄不要见怪，这上海的

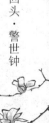

猛回头·警世钟

融化力，实大得很。老兄若在这里多住几月，恐怕也要溜进去了。"必攘也不回话，心上一团红燃燃的火，好像陡然浇上一桶冷水，熄灭了大半，从此再也不再会那些志士，乘着轮船，向长江上流进发。同船之中，有一个湖北人，姓武，名为贵，是武备学堂的学生，新做了一个哨官，和必攘谈论了一会，颇相契洽。武又引了一个人来，说是他学堂里的教习，马步炮队，都操得好。姓任，名有功，江西人，如今奉了广东总督的札子，到河南招兵。其人很有革命思想，才听得我说，呱呱要来会老兄。必攘和任有功施了礼，各道名姓，果然慷慨的了不得。三人各把籍贯及通信的地方写了，彼此交给收下。到了江宁，他二人上岸去了。必攘独自一人，到汉口投寓高升客栈。汉口居天下之中，会党如林。必攘在家，结识了一个头领，名叫陆地龙，开了一个名单，凡长江一带的头目，总共开了三十多个。内中有一个名叫小宋江张威，是一个房书，专好结交会党中人。凡衙门有逮捕文书，他得了信，马上使人报信，倘或捉拿到案，也必极力周张，所以会党中人，上了他这个名号，正住在汉口市。必攘到了第二日，便到张威家拜访。张威平时听得陆地龙说，狄必攘是当今第一条好汉，渴慕得很。比闻必攘已到，喜出望外，见了必攘，先就问寓在何所，忙使人取过行李，即留必攘在家住宿。一连住了十余日，果然来往的人不少。就中有一个赛武松饶雄，贵州人氏，拳棒最精，是会党中一个出色人物。张威因必攘特开了一个秘密会，头领到的二十多个，中有五个大头领：石开顽、周秀林、杨复清、王必成、陈祖胜。张威先开口说道："今日是黄道吉日，众位兄弟，都已聚会。各山缺少一个总头领，事权不一，又怎样能成事呢？弟意要于今日举一个人当总头领，各兄弟赞成吗？"众皆道："赞成！"张威又道："咱们会内的人，有文的少武，有武的少文。惟新来的狄君，文武双全。文是诸君皆知道的，不要试了；武则请诸位兄弟当面试过。"众皆道："妙妙！"必攘坚不敢当，众人已把装束改好，必攘也只得解了长衣，把腰束好，走到坪中。起先是陈祖胜来敌，不上十合，败下去了。石开顽走上来，又只十余合，败下去了。饶雄头缠青丝湖绉，额上扎一个英雄标，腰系一根文武带，挥起拳势，对必攘打来。两人交手七十余合，不分胜负。必攘卖一个破绽，飞脚起处，雄已落地。余人更没敢上前，于是众人都举狄必攘当总头领。必攘谦让再三，才敢承受。于是把前此的会规十条废了，另立十条新会规：

一、本会定名为强中会。以富强中国为宗旨，所有前此名称，概皆废弃。

一、本会前称会中人为汉字家。今因范围太小，特为推广。除满洲外，凡系始祖黄帝之子孙，不论入会未入会，概视为汉字家，无有殊别。

一、本会前此之宗旨，在使入会兄弟，患难相救，有无相通；而于国家之关系，尚未议及。今于所已有之美谊，仍当永守外，于其缺陷之处，尤宜扩充。自此人人当以救国为心，不可仅顾一会。

一、本会之人，须知中国者，汉人之中国也。会规中所谓国家，系指四万万汉人之公共团体而言，非指现在之满洲政府，必要细辨。

一、本会之人，严禁"保皇"字目，有犯之者，处以极刑。

一、会员须担任义务：或劝人入会，或设立学堂、报馆，或立演说会、体操所，均视力之所能。会中有事差遣，不得推诿。

一、会员须操切实本领，讲求知识，不可安于固陋，尤不可言仙佛鬼怪星卜之事，犯者严惩。

一、会员须各自食其力，不可扰害良民。会中款项，合力共筹，总要求出自己生财之道，不能专仰于人。

一、会规有不妥之处，可以随时修改。

一、前此所设苛刑，一概删除，另订新章。

必攘把十条会规草完了，各头领看了，都皆心服。即印刷出数千张，使人分示各处。全体会员都画了押。

必攘已在汉口三月有零，要想往四川游历，与张威商量。张威道："四川保宁府有一个好汉，绰号康大虫康镜世，兄弟二人，好生了得，远近闻名，只不肯入咱们的会。贤兄到了四川，一定要会其人。"必攘领会。怕〔他〕一到四川，即来访康镜世。恰值是日开会，必攘也随在人丛中，听见马世英所报告的会章宗旨，与他大略相同，只浑含一些，心中大惊，特不知道马世英是什么人。散了会，他便到康镜世家来。康镜世、马世英也失了惊，彼此问了姓名，坐下谈了好些世事，然后请将今日宣告的会章，给他细细一读。表面措词虽极和平，但里头的意思，却隐约可知，晓得他两个人不是等闲之人，遂把来意说明，也把他新定的会章拿出来，送与二人看，二人极力称赞。必攘正要说两会合并的事，马世英的小厮，从书院跑来，说："有一个客人，称新从外洋回来，要见老爷，请老爷作速回转府城。"马世英即辞了镜世、必攘，同小厮匆匆而去。要知来人为谁？请待下回分解。

猛回头 · 警世钟

# 第七回

## 专制威层层进化　反动力渐渐萌机

　　话说马世英别了康镜世、狄必攘，回到书院，听差迎着说道："客人已到外边去了。"过了两三点钟，外间走进一个人来，穿着外洋学堂制服，向马世英脱帽为礼。马世英惊道："哪里来的东洋人？"仔细一看，乃是自己的一个学生，遂大笑起来，上前两相握手。原来马世英有三个学生在东洋留学：一个姓鲁，名汉卿，为人勇敢猛进，在日本留学界中，顶刮刮有名；一个姓梅，名铁生，深沉大度，很有血性；一个姓惠，名亦奇，办事认真，学问亦好。这回来的，即是梅铁生。马世英将东洋情形问了一番，然后梅铁生将来意表明。因为梅铁生三人，连次写信要马世英到日本求学，马世英虽答应，却为书院里的人苦苦缠住，本府知府也是苦留，屡屡爽约，特派梅铁生回国，面催马世英赴东。马世英道："这日本是我在梦里都想去的，怎奈目下没有脱身之策，好歹到了明年，一定是要来的。"梅铁生道："这谎你扯多了，要去就去，怎么要到明年呢？我知道你在这里，当的是山长，有许多人吹你的牛皮，有时知府大老爷，还要请你吃酒，客客气气的，称你是老师，好不荣宠！到了日本，放落架子，倒转来当学生，你原是不干的。"马世英道："不要这等说，难道我是这样的人呢？你如不信，我这里积有川资六百元，预备出洋的，你先带去；明年我如不来，尽可把来充公。"梅铁生道："去不去由你，我不能替你带钱，我还有别项事情呢。"马世英道："你在路途辛苦了，在此多住几天。"梅铁生道："不能久住。"马世英道："至少也要住两三天。"到了第三日，梅铁生坚要去了，马世英送了几十块洋钱，说道："向汉卿、亦奇讲，明年正二月，我准定到东京。议论要和平一点，还以习科学为是。"梅铁生道："知道了，你到了才晓得。"

这回梅铁生满想马世英同他一路到日本，不料马世英托辞，等待来年，已十分不快。兼之马世英故意说出老实话，谓种种不可过激，更加不对。还有几个朋友，在安徽省城各学堂读书，打量运动他们出洋，遂一直转回安庆省城。那城门口的委员，看见一个穿洋装的人来了，连忙戴了一顶大帽子，恭恭敬敬地站在门首。梅铁生毫不理他，一直向城里跑去。那委员教四名巡勇跟随其后。梅铁生行的是体操步子，极其快速；四名巡勇走得气喘喘的，还赶不上，梅铁生进了客栈方才赶到，站了许久，才敢说道："小的们是城门委员大老爷差来伺候洋大人的。请洋大人给小的们一个名片，待小的们报明洋务局，洋务局再报明院上，等各位大人好来请洋大人的安。"梅铁生道："我不是洋大人，是一个留学生，你要名片，却可拿一个去。"在怀中拿出一个名刺，交给巡勇去了。到了次日，正想往各学堂里去，在街上会见一个同过学的朋友，扯住梅铁生到僻处问道："你何时来的？有相熟的人会过你否？"梅铁生道："没有会过，这话怎么讲？"那人道："你不知道么？现在日本留学生，起了一个什么拒俄会。驻日公使乌钦差，打了一个电报与两江总督，说是名为拒俄，暗为革命。两江总督立即通饬各属，凡留学生在这几个月内回来的一体严拿，就地正法，现在办得很紧呢。"梅铁生道："这事我在东京时候没有出来。既是拒俄，难道也要拿办？理信全不讲吗？"那人道："官场有什么理信？你不如早早走罢！从我们学堂里出洋的，有一个名叫田汉藩，名单内也有其名，闻说已经回来了，昨日抚台差人到学堂查问了一次。"梅铁生惊道："他人不要紧，这田汉藩是我的至交，我一定要在此设法救他；不然，与他死在一块，也是好的。"遂不听那人的言，仍在客栈里住。有知道的，日日来催他出走，他总不依从。那风声一天天的不同，有一个人要到东洋去，遂写了一封信交他带交安徽同乡会。

　　风闻汉藩兄已归，殊属可虑。现在风声益紧，诸友虽日促铁生返东，设铁生去而汉藩来，则势力益孤，决意在此静候，设法出汉藩于险。如其不能，情愿与汉藩同悬头江干，以观我四万万同胞革命军之兴！

　　那书发后之夜，客栈前忽然蜂拥多人，灯笼火把，照耀如同白日。走进两个警察局的小委员，带领三四十名巡勇，将梅铁生的衣囊行箧，一齐搜去。又有几个人扯住梅铁生的手，如飞的一般，带到警察局。问了一些，又送往抚台衙门，倾囊倒箧搜了一番，一点凭据没有。那抚台还是半开通的人，从轻开释。那些人白费了一些劲，面面相觑地散去。和梅铁生相熟的已吓得了不得，梅铁生出来，个个躲避，没有一个敢和他讲话的。后梅铁生打听田汉藩着实没有回国，也就起程到日本去了。

且说拒俄会因何而起？原来满洲末年，朝中分了几派：守旧党主张联俄，求新党主张联日。留学生知道日俄都不可联，反对联俄的更多。俄国向满洲政府要求永占东三省之权，在日本的留学生闻知，愤不可言，立了一个拒俄会。不料满洲政府大惊小怪，加以革命的徽号。其实当时留学生的程度，尚甚参差，经满洲政府几番严拿，和平的怕祸，激烈的遂把"拒俄"二字改了，直称"革命"，两相冲突，那会遂解散了。满洲因此防留学生防得更严，处处用满学生监察汉学生。又有许多无耻的汉学生做他的耳目，侦探各人的动静。那时满洲有两个学生，一个名叫梁璧，一个名叫常福，他两个人专打听消息，报知满洲政府。留学生在日本，有一个会馆，每年开大会两次。有一回，当开大会之时，一人在演台上，公然演说排满的话，比时恃着人众，鼓掌快意，忘着有满人在座。二人归寓，即夜写了几封密信，通知满洲的重要人物，说有缓、急二策——急策，把凡言排满革命的人，一概杀了，永远禁止汉人留学。缓策，几项办法：一、不准汉人习陆军、警察，专派满人；二、不准汉人习政治法律，只准每省官派数人；三、凡汉人留学，必先在地方官领了文书，没有毕业，

猛回头·警世钟

不准回国；四、不准学生著书出报；五、不准学生集会演说。那满洲的大员，接了这几封信，取着那缓办一策，行文日本政府。孰知日本的政党，都说没有这个办法，一概不答应。满洲政府没法，只得叫各省停派留学生，封闭学堂；即有几个官办的，用满洲人做监督，严密查察学生的动静，严禁新书、新报。那知压力愈大，抗力愈长，学生和监督教习冲突的，不知有多少，每每全班退学，另织织一种共和学堂。书报越禁，销数越多。那时上海有一个破迷报馆，专与政府为难，所登的论说，篇篇激烈。中有一篇《革命论》，尤其痛快。其间一段警论：

　　诸君亦知今日之政府，何人之政府也？乃野蛮满洲之政府，而非我汉人公共之政府也。此满洲者，吾祖若父，枕戈泣血，所不共戴天之大仇，吾祖父欲报而不能，以望之吾侪之为孙者。初不料之后人奉丑虏为朝廷，尊仇雠为君父，二百余年而不改也！披览嘉定屠城之记，扬州十日之书，孰不为之发指目裂！而吾同胞习焉若忘，抑又何也？其以满洲为可倚赖乎？彼自顾不暇，何有于汉人！东三省是彼祖宗陵墓重地，不惜以与日俄，而欲其于汉族有所尽力，不亦慎欤？世岂有四万万神明贵胄，不能自立，而必五百万野蛮种族是依者！诸君特不欲自强耳，如欲之，推陷野蛮政府，建设文明政府，直反掌之劳也。有主人翁之资格不为，而必奴隶焉，诚不解诸君何心也！诸君平日骂印度不知爱国，以三百兆之众，俯首受制于英。试以英与满洲比较，其野蛮文明之程度，相去为何如也？印度之于英也，为直接之奴隶，中国之于满洲也，为间接之奴隶。奴隶不已，而犬马之，犬马不已，而草芥之。诸君尚欲永远认满洲为主人乎？而不知已转售于英、俄、美、日、德、法诸大国之前，作刀俎上陈列品矣。及今而不急求脱离，宰杀割烹之惨，万无可免。夫以理言之则如彼，以势言之则如此，诸君虽欲苟且偷安，幸免一已，不可得也。其曷不急翻三色之旗，大张复仇之举，远追明太，近法华、拿，复汉官之威仪，造国民之幸福，是则本馆所馨香顶祝，祷切以求也！

此论一出，人人传颂，"革命革命"、"排满排满"之声，遍满全国。报馆开在租界内，中国不能干涉，所以该报馆敢如此立言。看官，你道怎么不能干涉呢？通例：外国人居住此国，必守此国的法律；外国人犯了罪，归此国的官员审问，领事官只管贸易上的事情，一切公事不能过问；也没有租界之名，警察只可本国设立，外国不能在他人之国设置警察。惟有当时中国许多外国在中国有领事裁判权。在租界内，不特外国人不受中国官员管束，即是中国的犯人，也惟有领事审得。领事若是不管，中国官员是莫可如何的。后来满洲政府，想收回此权，开了一个律例馆，修改刑律。不知刑律是法律中之一项，法律是政治中的一项，大根源没改，枝叶上的事没有益的。各国在中国，有领事裁判权，于国体上，是有大大的妨碍。那些志士，幸得在租界，稍能言论自由，著书出报，攻击满洲政府，也算不幸中之一幸。独是满洲政

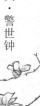

猛回头·警世钟

· 159 ·

府，各国要他割多少地方，出多少赔款，无不唯唯听命；即是要挖他的祖坟，也是敢怒而不敢言，哭脸改作笑脸；只有在租界内的报馆，日日非难他们，倒容忍不得，在各国领事面前，屡次运动。各国领事，原先是不准，后来他们苦求不已，只得派了巡捕，封闭破迷报馆，把主笔二人，拿到巡捕房，悬牌候审。到了审日，各国的领事官，带了翻译，坐了马车，齐到会审公堂，公推美国领事作领袖。各国领事中坐，满洲也派一个同知做会审委员，坐在底下一旁。巡捕将两比人证带到，都站在廊下。计开：原告满洲政府代表江苏候补道余震明，年四十三岁，所请律师四位；被告破迷报馆正主笔张宾廷，年三十二岁，副主笔焦雍，年二十一岁，所请律师二人。各国的领事官命将人证带上堂来。就有印度巡捕和中国巡捕，把一干人证带上。各国领事，先将各人的年貌履历问了，由翻译传上去。然后原告的律师，替原告将情由诉出。说张、焦两个人在租界内，设立报馆，倡言无忌，诋毁当今皇上，煽动人心，希图革命，实在是大逆不道，求贵领事，将人犯移交中国地方官，按律治罪。被告的律师驳道："请问贵堂上各官，今日的原告，到底是哪一个？"余震明猛听得此语，不知要怎样的答法：若说是清国皇上，面子太不好；若说是自己的原告，这个题目，又担当不起。踌躇了好久，尚答话不出。被告的律师又催他说，原告的律师代替应道："这个自然是清国政府做原告。"被告的律师道："据这样看来，原告尚没有一定的人。案件没有原告，就不能行的，况且破迷报馆，并没有犯租界的规则，不过在报上著了几篇论说。这著述自由，出版自由，是咱们各国通行的常例，清国政府也要干涉，这是侵夺人家的自由权了。据本律师的意见，惟有将案注销，方为公平妥当，不知贵堂上之意，以为如何？"这一篇话，说得原告的律师无言可答。美领事道："据原告律师之言，说要将被告移交清国地方官，无此道理。被告律师说，要将案件注销，也使不得，好歹听下回再审。"巡捕将人犯仍复带下，各领事仍坐着马车回署。余震明同着上海道，打听各领事的消息，没有移交被告的意思，不过办一个极轻的罪了事，即打电报禀明两江总督。两江总督打一个电报到外部，请外部和各国的公使商议。外部的王爷大人，晓得空请是不能的，向各国公使声明，如将张、焦二人交出，情愿把两条铁路的敷设权送与英国，再将二十万银子，送与各国领事。各国公使各打电报去问各国的政府，各国的政府回电，都说宁可不要贿赂，这租界上的主权，万不可失。

　　各国公使据此回复外部，外部没法，只得据实情奏明西太后那拉氏。急得那拉氏死去活来，说道："难道在咱自己领土内，办两个罪人，都办不成功吗？这才气人得很！"有一个女官走上奏道："奴婢有一个顶好的妙计。"你道此女为谁，也是一个旗女。他的父亲名叫玉明，做过驻俄国的公使，娶了一个俄国女子，生下此女，通晓几国语言文字。那拉氏叫他做了一个女官，与各国公使夫人会见之时，命他做翻译，传述言语，十分得宠。那拉氏闻他所奏，即问道："你有什么好计？"玉小姐道："洋人女权极重，男子多半怕了妇人的，老佛爷明日备一个盛筵，请各国公使夫人到颐和园饮酒，多送些金珠宝贝，顺便请他们到各国公使前讲情，叫各国在上海的领事，把犯人交出，岂不是好呢？"那拉氏

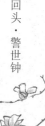

道："这计果好，依你的就是了。"忙命太监将颐和园修饰得停停当当，四处铺毡挂彩，安设电灯，光焰辉华，如入了水晶宫一般。当中一座大洋楼，内中陈设的东西，都是洋式，不知要值几百万。楼上楼下，都摆列花瓶，万紫千红，成了一个花楼。时将向午，各国公使夫人，带领使女，也有抱着小孩的，乘坐大马车，由东交民巷向颐和园而来。那拉氏亲自迎接进殿。各公使夫人，分两旁坐下，所带的使女小孩，也宣进殿来，个个都有赏赐。那拉氏亲安了各夫人的坐，太监女官献了茶，又讲了好多的应酬话，都是玉小姐通译。传旨赠送各公使夫人每人大磁瓶一对，嵌宝手镯子一双，金刚石时表一个，其余珍玩数件。各公使夫人受了，向那拉氏道了谢。女官奏请入宴，都到大洋楼上。楼下奏起洋乐，那拉氏举杯亲敬了各位公使夫人的酒。各公使夫人也举杯呼了那拉氏的万岁。宴毕，退下，引各公使夫人到那拉氏卧房里，玉小姐便将那拉氏的本意表出。各公使夫人听了，作色答道："敝国虽重女权，国家政事，妇女却干涉不得。即是你老若在敝国，也不过是皇族中一个人，朝中大事，议院与皇帝担任，做太后的一点不能干与，何况咱们呢？这却应不得命。"那拉氏半晌说不得话，忽又回转脸来笑道："老身不过说来玩玩，没有一定的。各位夫人不应允就算了。"各公使夫人也起身告辞，回转东交民巷。那拉氏费了三十几万，空空被抢白，懊气得很，却又没有出气的地方，只将太监痛打，一连打死几个，打得太监狗血淋漓，无处躲藏。有一日，总管李莲英奏道："喜保有机密事，要见老佛爷。"那拉氏道："叫他进来。"喜保跪见了那拉氏，即道："现有著名革命党，匿藏京城，被奴才查知住所，特来请旨定夺。"那拉氏喜道："好好！咱到处找寻你不到手，今回你送上来了。快传旨九门提督，带领二百人马，将逆犯拿交刑部治罪，不得有误。"要知所拿为谁，且听下回分解。

猛回头·警世钟

# 第八回

## 鸟鼠山演说公法　宜城县大闹学堂

话说喜保领了那拉氏的旨意，向九门提督衙门点了二百名兵丁，在西河原联升栈，拿获一个人，一直送交刑部。那时刑部六个堂官以及司员，不知为着什么事情，慌忙接了懿旨，懿旨上写道："逆犯审血诚，前在湖北谋逆，事败之后，访闻潜逃来京。着喜保拿交刑部，严行拷讯。钦此！"堂官领旨之后，即同坐大堂，把犯人带上。问案官问道："你是不是审血诚？"答道："我不晓得什么审血诚。"问案官道："你到底名叫什么？"答道："我名叫审不磨。"问案官道："你是不是读书人？"答道："我是读书人。"问案官道："你既是读书人，为何要入革命党呢？"答道："我不是革命党，是一个流血党。"问案官道："这'流血党'三字，从没听见讲过，怎么就叫做流血党呢？"答道："现在国家到了这样，你们这一班奴才，只晓得卖国求荣，全不想替国民出半点力，所以我们打定主意，把你这一班狗奴才杀尽斩尽，为国民流血，这就叫做流血党咧。"问案官对着喜保讲道："好了，近来为着那些革命党，弄得咱们慌手慌脚的，为何又弄出一个流血党来了，这都是你弄出来的是非。"喜保道："不要着急。"即在堂下带上一个人来。你道此人是谁，即是审血诚一个同学、朋友，姓吴名齿，点过翰林。那年攀附康、梁，得了一个新党的招牌。康、梁败事，他的翰林也丢掉了。正在穷得很，又酷喜赌博，向审血诚借银。审血诚没有借与他，因此怀恨在心。审血诚自湖北走到北京，一连数年，无人知道他的真名。恰好喜保也因事革职，想图开复，没得一条路径。吴齿把审血诚改名在京的事，告知喜保，并说他现在当破迷报馆的访事。今年老佛爷听着李总管（即李莲英）之言，打算把东三省切实送给俄国，和俄国订了七条密约，也被那厮登在报纸上发露，老佛爷得知了，这桩功岂不大得很吗？喜保不胜大喜，因一五一十的告知李莲英，李莲英带他见了那拉氏，拿获审血诚。可巧审血诚的口供，与喜保所指的一毫不对，喜保因此把吴齿唤来，当面认识。吴齿上堂，将审血诚一生的事迹，一齐说出。又对审血诚说道："你别要怪我，前程要紧呢。"审血诚大骂道："你这奴才！悔我当时没眼，结识了你。"问案官道："案情定了！据实奏闻就是。把审血诚打下天牢，听俟懿旨发落。"那时正值那拉氏盛怒之下，命将审血诚乱棍打死。即有八个如狼似虎的狱吏，各执竹条，纵横乱打。打得血肉横飞，足足打了四个小时，方才丧命。因这一桩告密的功劳，赏了喜保一个道台，吴齿也赏了一个知府，就令他两个，四处侦探革命党。

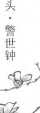

猛回头·警世钟

这一桩事，传播出来，人人危惧。外国各报馆都论说那拉氏这样的残酷，真真是文明之公敌，各国政府，切不可把破迷报馆主笔交出，致遭恶妇人的毒手。因此破迷报馆的案件，越发松了。各领事把张、焦二人，在租界内监狱三月之后，听其自由。这一场官司，可算是满洲政府，没有占到好多的便宜，是为汉族与满洲政府立于平等地位头一次。

且说马世英自梅铁生起身之后，狄必攘、康镜世也到马世英书院里来。马世英把梅铁生到此之事，说了一遍。又将梅铁生的为人，形容出来，讲得狄必攘、康镜世二人，不胜钦慕，都道："可惜来迟一点，不然，也可以会一会。"马世英道："不要急，总有会见的日子。"彼此谈论了一阵，然后狄必攘提议两会合并的事。马世英道："弟也有此意思，但是现在风气初开，倘若又有所变动，恐怕生出事故来了。咱们的联合，只要在精神上，不要在那面子上。日后若有事情做，自然是此发彼应的。"必攘点头称是。马世英留狄必攘、康镜世在书院暂住一二天。书院里的人，不要讲，多有愿来交结的。唐必昌、华再兴二人，愈加倾慕必攘，和必攘订了深交。起先只打算住一天，不知不觉，遂住了五天，才别了马世英、康镜世、唐必昌、华再兴，起程向陕西一路而去。（中缺）由汉中府顺流向湖北进发。及抵襄阳府属的宜城县一个小市镇，必攘在那里落了一个客栈，打算歇一两天的脚。方才放了行装，只见外面人声鼎沸，必攘慌忙走出来。去了一队又一队人，都说"打土洋人呀！打土洋人呀！"必攘也随在人丛中去看。只见许多人，围烧一个小小学堂，学堂里的学生四处奔散。有几个强壮的，保着一个头发雪白的老先生出走，后面百余人赶来。狄必攘抬头一看，正是文明种。狄必攘赶上一步道："先生不要惊慌，弟子来了。"当着街中，把赶来的人，随手一分，遂倒翻几个。只是越来越多，那街前街后，都聚有人，齐喊"勿走了土洋人！"必攘既要打开各人，又要保护文明种，渐渐危急得很。幸得此地有几个大绅士，恐怕酿出大祸，竭力弹压，喝散众人，把文明种、狄必攘带到一个绅士家中。连夜写了一只船，教文明种、狄必攘赶快出境。原来此处的土人喊学堂做教堂，喊学生做土洋人。文明种所住的学堂，原是一个灵官庙改的。文明种在此掌教，才有三个月，那愚人都说他是一个教士，灵官庙改为学堂，全出他的意见，恨文明种刺骨。恰好这个月内，该地忽然降下疫症，死人不知其数。文明种对学生说道："这是街道的水沟没有疏通，臭气熏人，于卫生上不宜，只要把街道打扫，水沟疏通，饮食上注意一点，那疫症自然没有了。"谁知此地的居民，听闻文明种的话，遂大嚷起来，说："这是分明他占了灵官爷爷的庙宇，所以灵官爷爷显圣，降起疫症来了。他又移到水沟上，难道这一条水沟，能够降下疫症不成呢？"一人哄十，十人哄百，顷刻聚集数百人，险些儿致遭不测，幸遇狄必攘打救出来。比到了船上，狄必攘才致问道："先生一向在哪里？几时到此地的？"文明种道："鄙人自离了民权村之后，当了好几个小学堂的教习，又在各处的工场运动了一番。到此处才有几个月的光景。贤契几时出来的？念祖诸人现在怎样？"狄必攘道："弟子出外前来，不过一年多的光景。念祖往美国留学，肖祖往德国留学，同去的都很有几人呢。绳祖在家开了一个报馆。只是这几个月内，弟子奔走江湖，都没有接到他们的音信呢。"文明种道："如此就很好了。你现在打算到哪里去呢？"狄必攘道："弟子有几个相识的人，住在汉口。此回打算到汉口去。先生可同弟子走一遭？"近着文明种的耳朵，讲了几句。文明种道："哦哦！很好！我一定去。我本想到宜城县去说一声，把这些东西，惩创一番。仔细想来，究犯不着，还同你去的好。"

顺风一帆，不几日就到了汉口。狄必攘同文明种直奔张威家来。恰好饶雄、周秀林等一班正在张威家里，见必攘来了，个个都来见礼。必攘一一把姓名告知文明种，又把文明种的生平告知各人。张威诸人，重向文明种为礼。吃了午餐，然后狄必攘把一路的情形，原原本本，讲了一遍。众人听了，都皆赞叹康镜世诸人不了。忽见石开顽提了一个包袱，背着一把短刀，大摇大摆，从外面走进来。一面行一面喊："咱干了一回公事回来了，你们怎么不来接风呢？真正岂有此理！"张威喝道："狄大哥在此，为何如此的放肆！"石开顽听得"狄大哥"三字，犹如半空中打下霹雳，忙把行李放下，向必攘打了一个参。必攘命他向文明种见礼，他拱了一拱手。狄必攘笑问道："你干了一回什么公事呢？"石开顽笑嘻嘻地道："我这回公事，大哥一定要赞赏的。"狄必攘道："你只管说，办得好，自然有赏；办的不好，怕还有罚呢。"石开顽道："说来大哥没有不喜欢。小弟这一回从河南来，那河南的地方，真真拐得很，到处有强盗。"饶雄道："你自己不是一个强盗吗？"石开顽道："往年也干过这些事来，自从跟了狄大哥，多久没有干了，你还不知道呢。"饶雄道："你私自去干，那个管你的闲事，兼且当着狄大哥，你原是不会招的。"

石开顽急的不得了说：“你不信，我就赌个咒：我若从了狄大哥之后，再做了强盗的，一世不见后脑壳！”惹得一堂的人都笑起来。狄必攘道：“不要夹杂他，等他说。”石开顽道：“那强盗又多又恶，逢着他的，银钱固然是拿去了，连人都要掳去。家中有银钱的多出些银钱，赎了回来；没有银钱的，不管三七二十一，就是一刀。有一群客人，驱着多少骡车，将近信阳州的界，忽来了几十个强盗，都拿着雪亮的刀。那一群客人，吓得四散奔走，走不及的，都向强盗叩头乞命。那强盗不由分说，驱着骡车便走，还把那些客人用一条大绳子穿了。那时各客人正在上天无路，入地无门，忽然来了一个救星。”饶雄道：“这个救星，名叫什么？”石开顽道：“少不得是咱老子了。咱此时也从那一条路来，便教强盗不要如此。那不知死活的强盗，敢在太岁头上逞凶，向咱试起威风来了。咱不由火从心起，把那些强盗打得不亦乐乎，个个抱头鼠窜，仍把货物，一齐退还各客人，送他们到了河南境界。这不是小弟的一桩公事吗？”狄必攘道：“果然是你一桩好公事，值得两碗大酒。略等一等，就要赏你的功了。”狄必攘和张威商议道：“咱们的兄弟，也有好几万，不想个法子安置他们，恐怕也有那些事。”张威道：“兄弟也这样想。只是人太多了，怎么安置呢。”必攘道：“只有多开些工厂，各人都有相熟的人，可以招些股东。弟也有几个相好的朋友，家道都很殷实，几万银子，大约可以拿出来的。”张威道：“很妙！兄弟也可备办几千银子。”文明种道：“这个法子都可以，但是全不施点教育，也很不行的。就在工厂内，添一个半日学堂，教他们一面做工，一面就学，不更好吗？”必攘道：“很

好！弟子素来主张如此的。"文明种道："更有一项当办，各国的会党，莫不有个机关报，所以消息灵通。只有中国的会党，一盘散沙，一个机关报没有，又怎么行呢？这机关报是断不可少的。"必攘道："是，将来筹足款子，一定要请先生开一个报馆。"文明种道："这开报馆的经费，我也可筹得一些。"两三个月光景，必攘托绳祖在民权村筹了银子五万两，文明种、张威也各筹了一万多银子，在武汉一带，开了五个工厂，每个工厂附设一个体育会，一个半日学堂。文明种在汉口开了一个时事新报馆，兼半日学堂的总监督。从此无业游民，化为有用，绿林豪杰，普及文明，五千里消息灵通，数十万权衡在握，诚为梁山上一开新面目了。不上半年，联络了十几起会党，东西洋的留学生，都联为一气。在美洲的留学生领袖，就是念祖，在欧洲的留学生领袖，就是肖祖。这两处的领袖，都是必攘的同学，不要讲是常常通信的。东洋的留学生领袖，名叫宗孟、祖黄。这两人与必攘平日没有交情，就在近今几个月内，慕了必攘的名，和必攘订交的。留学生空有思想，没有势力，所以都注目必攘身上。必攘的声势，就日大一日。五个工厂，添到十个，报馆也十分发达。一日，必攘接到宗孟、祖黄一封密信，看未及半，神色陡变，忙命人喊文先生来。要知后事如何，且看下回分解。

　　——录自《民报》第 2 号、第 3 号、第 4 号、第 5 号、第 7 号、第 8 号及第 9 号

# 绝命辞

# 绝命辞

（1905 年 12 月 7 日）

　　呜呼我同胞！其亦知今日之中国乎？今日之中国，主权失矣，利权去矣，无在而不是悲观，未见有乐观者存。其有一线之希望者，则在于近来留学者日多，风气渐开也。使由是而日进不已，人皆以爱国为念，刻苦向学，以救祖国，则十年二十年之后，未始不可转危为安。乃进观吾同学者，有为之士固多，有可疵可指之处亦不少。以东瀛为终南捷径，其目的在于求利禄，而不在于居责任。其尤不肖者，则学问未事，私德先坏，其被举于彼国报章者，不可缕数。近该国文部省有清国留学生取缔规则之颁，其剥我自由，侵我主权，固不待言。鄙人内顾团体之实情，不敢轻于发难。继同学诸君倡为停课，鄙人闻之，恐事体愈致重大，颇不赞成；然既已如此矣，则宜全体一致，务期始终贯彻，万不可互相参差，贻日人以口实。幸而各校同心，八千余人，不谋而合。此诚出于鄙人预想之外，且惊且惧。惊者何？惊吾同人果有此团体也；惧者何？惧不能持久也。然而日本各报，则诋为乌合之众，或嘲或讽，不可言喻。如《朝日新闻》等，则直诋为"放纵卑劣"，其轻我不遗余地矣。夫使此四字加诸我而未当也，斯亦不足与之计较。若或有万一之似焉，则真不可磨之玷也。

近来每遇一问题发生，则群起哗之曰："此中国存亡问题也。"顾问题有何存亡之分，我不自亡，人孰能亡我者！惟留学生而皆放纵卑劣，则中国真亡矣。岂特亡国而已，二十世纪之后有放纵卑劣之人种，能存于世乎？鄙人心痛此言，欲我同胞时时勿忘此语，力除此四字，而做此四字之反面："坚忍奉公，力学爱国"。恐同胞之不见听而或忘之，故以身投东海，为诸君之纪念。诸君而如念及鄙人也，则毋忘鄙人今日所言。但慎毋误会其意，谓鄙人为取缔规则问题而死，而更有意外之举动。须知鄙人原重自修，不重尤人。鄙人死后，取缔规则问题可了则了，切勿固执。惟须亟讲善后之策，力求振作之方，雪日本报章所言，举行救国之实，则鄙人虽死之日，犹生之年矣。

诸君更勿为鄙人惜也。鄙人志行薄弱，不能夫有所作为，将来自处，惟有两途：其一则作书报以警世；其二则遇有可死之机会则死之。夫空谈救国，人多厌闻，能言如鄙人者，不知凡几！以生而多言，或不如死而少言之有效乎！至于待至事无可为，始从容就死，其于鄙人诚得矣，其于事何补耶？今朝鲜非无死者，而朝鲜终亡。中国去亡之期，极少须有十年，与其死于十年之后，曷若于今日死之，使诸君有所警动，去绝非行，共讲爱国，更卧薪尝胆，刻苦求学，徐以养成实力，丕兴国家，则中国或可以不亡。此鄙人今日之希望也。然而必如鄙人之无才无学无气者而后可，使稍胜于鄙人者，则万不可学鄙人也。与鄙人相亲厚之友朋，勿以鄙人之故而悲痛失其故常，亦勿为舆论所动，而易其素志。鄙人以救国为前提，苟可以达救国之目的者，其行事不必与鄙人合也。鄙人今将与诸君长别矣，当世之问题，亦不得不略与诸君言之。

近今革命之论，嚣嚣起矣，鄙人亦此中之一人也。而革命之中，有置重于民族主义者，有置重于政治问题者。鄙人平日所主张，固重政治而轻民族，观于鄙人所著各书自明。去岁以前，亦尝渴望满洲变法，融和种界，以御外侮。然至近则主张民族者，则以满、汉终不并立。我排彼以言，彼排我以实。我之排彼自近年始，彼之排我，二百年如一日。我退则彼进，岂能望彼消释嫌疑，而甘心愿与我共事乎？欲使中国不亡，惟有一刀两断，代满洲执政柄而卵育之。彼若果知天命者，则待之以德川氏可也。满洲民族，许为同等之国民，以现世之文明，断无有仇杀之事。故鄙人之排满也，非如倡复仇论者所云，仍为政治问题也。盖政治公例，以多数优等之族，统治少数之劣等族者为顺，以少数之劣等族，统治多数之优等族者为逆故也。鄙人之于革命如此。

然鄙人之于革命，有与人异其趣者，则鄙人之于革命，必出之以极迂拙之手段，不可有丝毫取巧之心。盖革命有出于功名心者，有出于责任心者。出于责任心者，必事至万不得已而后为之，无所利焉。出于功名心者，己力不足，或至借他力，非内用会党，则外恃外资。会党可以偶用，而不可

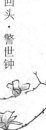

猛回头·警世钟

恃为本营。日、俄不能用马贼交战，光武不能用铜马、赤眉
平定天下，况欲用今日之会党以成大事乎？至于外资则尤危
险，菲律宾覆辙，可为前鉴。夫以鄙人之迂远如此，或至无
实行之期，亦不可知。然而举中国皆汉人也，使汉人皆认革
命为必要，则或如瑞典、诺威之分离，以一纸书通过，而无
须流血焉可也。故今日惟有使中等社会皆知革命主义，渐普
及下等社会。斯时也，一夫发难，万众响应，其于事何难焉。
若多数犹未明此义，而即实行，恐未足以救中国，而转以乱
中国也。此鄙人对于革命问题之意见也。

近今盛倡利权回收，不可谓非民族之进步也。然于利权
回收之后，无所设施，则与前此之持锁国主义者何异？夫前
此之持锁国主义者，不可谓所虑之不是也；徒用消极方法，
而无积极方法，故国终不锁。而前此之纷纷扰扰者，皆归无
效。今之倡利权回收者，何以异兹？故苟能善用之，于此数
年之间，改变国政，开通民智，整理财政，养成实业人才，
十年之后，经理有人，主权还复，吸收外国资本，以开发中
国文明，如日本今日之输进之外资可也。否则争之甲者，仍
以与乙，或遂不办，外人有所借口，群以强力相压迫，则十
年之后，亦如溃堤之水滔滔而入，利权终不保也。此鄙人对
于利权回收问题之意见也。

近人有主张亲日者，有主张排日者，鄙人以为二者皆非
也。彼以日本为可亲，则请观朝鲜。然遂谓日人将不利于我，
必排之而后可者，则愚亦不知其说之所在也。夫日人之隐谋，
所谓司马昭之心，路人皆知；即彼之书报亦倡言无忌，固不
虑吾之知也。而吾谓其不可，排者何也？"兼弱攻昧，取乱

侮亡"，吾古圣之明训也。吾有可亡之道，岂能怨人之亡我？吾无可亡之道，彼能亡我乎？朝鲜之亡也，亦朝鲜自亡之耳，非日本能亡之也。吾不能禁彼之不亡我，彼亦不能禁我之自强，使吾亦如彼之所以治其国者，则彼将亲我之不暇，遑敢亡我乎？否则即排之有何势力耶？平心而论，日本此次之战，不可谓于东亚全无功也。倘无日本一战，则中国已瓜分亦不可知。因有日本一战，而中国得保残喘。虽以堂堂中国被保护于日本，言之可羞，然事实已如此，无可讳也。如耻之，莫如自强，利用外交，更新政体，于十年之间，练常备军五十万，增海军二十万顿（吨）修铁路十万里，则彼必与我同盟。夫"同盟"与"保护"，不可同日语也。"保护"者，自己无势力，而全受人拥蔽，朝鲜是也。"同盟"者，势力相等，互相救援，英、日是也。同盟为利害关系相同之故，而不由于同文同种。英不与欧洲同文同种之国同盟，而与不同文同种之日本同盟。日本不与亚洲同文同种之国同盟，而与不同文同种之英国同盟。无他，利害相冲突，则虽同文同种，而亦相仇雠；利害关系相同，则虽不同文同种，而亦相同盟。中国之与日本，利害关系可谓同矣，然而势力苟不相等，是"同盟"其名，而"保护"其实也。故居今日而即欲与日本同盟，是欲作朝鲜也；居今日而即欲与日本相离，是欲亡东亚也。惟能分担保全东亚之义务，则彼不能专握东亚之权利，可断言也。此鄙人对于日本之意见也。

凡作一事，须远瞩百年，不可徒任一时感触而一切不顾，一哄之政策，此后再不宜于中国矣。如有问题发生，须计全局，勿轻于发难，此固鄙人有谓而发，然亦切要之言也。鄙

猛回头·警世钟

人于宗教观念，素来薄弱。然如谓宗教必不可无，则无宁仍尊孔教；以重于违俗之故，则兼奉佛教亦可。至于耶教，除好之者可自由奉之外，欲据以改易国教，则可不必。或有本非迷信欲利用之而有所运动者，其谬于鄙人所著之《最后之方针》言之已详，兹不赘及。

近来青年误解自由，以不服从规则、违抗尊长为能，以爱国自饰，而先牺牲一切私德。此之结果，不言可想。其余鄙人所欲言者多，今不及言矣。散见于鄙人所著各书者，愿诸君取而观之，择其是者而从之，幸甚。《语》曰："君子不以人废言。"又曰："鸟之将死，其鸣也哀；人之将死，其言也善。"则鄙人今日之言，或亦不无可取乎？